Hint Mutfağına Yolculuk

Baharatlarla Dolu Lezzet Serüveni

Mehmet Karahan

Özet

giriiş	7
MERCİMEK TARİFLERİ	10
Mercimek köri	11
Lezzetli Siyah Mercimek Köri	13
Mercimek Balkabagi Köri	16
Basit Yavaş Tencere Mercimek	18
Hindistan cevizi ile mercimek ve patates köri	20
Baharatlı Mercimek Yahnisi	22
Glutensiz Masala Mercimek	24
Lezzetli kırmızı mercimek köri	26
Mercimek ve karnabahar köri	29
Lezzetli Temperlenmiş Mercimek	31
Tatlı Patates Mercimek Çorbası	33
Kırmızı Mercimekli Patates Körili	35
Sağlıklı Ispanaklı Mercimek	37
Kolay Mercimek Pilavı	39
Mercimek Tavuk Sebze Köri	42
Sağlıklı Yeşil Mercimek Körisi	44
Füme mercimek çorbası	46
Hindistan cevizi ve ıspanaklı mercimek çorbası	48
Baharatlı Keema Mercimek	51
Kremalı bölünmüş bezelye köri	53
Mercimek Sebze Çorbası	55
Limonlu Lezzetli Mercimek	58
Lezzetli Havuçlu Mercimek Çorbası	60
Mercimek Tatlı Patates Fasulye Yahni	62
FASULYE VE BEZELYE TARİFLERİ	64
Sağlıklı nohut ve tofu	65
Mercimek ve nohutlu kabak köri	67
Kuzey Hindistan kırmızı fasulyesi	69
Basit Siyah Gözlü Bezelye	71
Lezzetli siyah gözlü bezelye köri	73

Sağlıklı Yeşil Bezelye ve Karnabahar Korma 75
Bir kase kırmızı fasulye 77
Nohut Mercimek Biber 80
Kırmızı Fasulye ve Mercimek 82
Basit nohut köri 84
Bezelye ve Nohuttan Sebzeli Köri 87
Mükemmel Körili Fırında Fasulye 89
Biberli Kırmızı Fasulye 91
Güvercin kara gözlü bezelye 93
Kinoa ile nohut ve hindistan cevizi köri 95
Kırmızı Fasulyeli Lahana Çorbası 97
Glutensiz nohut köri 99
Acılı Vejetaryen Kase 101
Sağlıklı Zerdeçal Mercimek Fasulye Biber 103
Nohut ve lahana tatlı patates güveç 106
Nohut Karnabahar Ispanaklı Köri 108
Baharatlı Kış Leblebisi 110
Baharatlı Körili Leblebi 113
Baharatlı Bezelye Pilavı 115
Tereyağlı Bezelye Pilavı 117
SEBZE TARİFLERİ 119
Lezzetli baharatlı patates ve karnabahar 120
Lezzetli Ispanak Paneer 122
Lezzetli Patates Ispanak 124
Baharatlı Patlıcan Patates 126
Sağlıklı Sebze Hindistan Cevizi Körisi 128
Kolay Bütün Karnabahar Körisi 131
Sebzeli Körili Pilav 133
Patlıcanlı Kabak Köri 135
Lezzetli sebze korma 137
Patates ve bamya köri 139
Lezzetli Navratan Korma 141
Yavaş pişirilmiş sambar 144
Kremalı kabak ve havuç çorbası 146
Nefis yavaş pişirilmiş patates 148
Körili Patates 150

Mantar Patlıcan Patates Köri 153
Patlıcanlı nohut köri 155
Hindistan cevizi patlıcan köri 157
Kremalı karnabahar çorbası 159
Lezzetli Tatlı Patates Körisi 161
Lezzetli sebze köri 164
Lezzetli tofu hindistan cevizi köri 166
Kremalı hindistan cevizi ve kabak köri 168
Zengin Patates Körisi 170
Karışık sebzeli köri 172
ET TARİFLERİ 174
Lezzetli Tavuk Tikka Masala 175
Lezzetli tandır tavuğu 178
Fıstık Ezmeli Tavuk 180
Baharatlı Körili Tavuk 182
Sulu ve yumuşak keçi körisi 184
Lezzetli Yavaş Pişmiş Sığır Eti 187
Basit sığır köri 189
Kolay tavuk köri 191
Tavuklu sebzeli köri 193
Baharatlı Karnabaharlı Tavuk 195
Nefis tereyağlı tavuk 197
Kuzu köri 199
Tavuklu Kinoalı Köri 201
Lezzetli Tavuk Yahnisi 203
Kremalı hindistan cevizli tavuk köri 206
Lezzetli Tavuk Kheema 208
Lezzetli tavuk çorbası 211

giriiş

Hint mutfağı, kullandığı baharatların çeşitliliği nedeniyle dünya çapında sevilmektedir. Elbette mutfak hâlâ değişiyor ve gelişiyor. Yemekler giderek daha popüler hale geldi, bu da tatların eskisi kadar yabancı olmadığı anlamına geliyor. Garam Masala ve Haldi gibi yemekler her yerde mutfaklarda karşımıza çıkıyor.

Ancak insanlar Hint yemeklerine aşık olsa da insanlar başka bir sorunla karşı karşıya kalıyor: zaman. Hayatınızın geri kalanının çılgın temposuyla uğraşırken bu yemekleri hazırlamak daha zordur. İnsanlar hâlâ aileleri için iyi yemek yapmak istiyorlar ama bunun hayatları boyunca devam edebilmesi gerekiyor. Pek çok yemek, hazırlamak istediğimiz yemeklere ayırmamız gerekenden çok daha fazla zaman ve dikkat gerektirir.

Size yardımcı olmak için Dum pukht pişirme yöntemine odaklanacağız. Yavaş bir pişirme işlemidir. Bu, yemeği kendi suyuyla pişireceğiniz anlamına gelir. Daha az baharat kullanır ancak lezzetleri ilginç tutar. Ve bunlar, birlikte atabileceğiniz ve sonra gidip yapmanız gereken her şeyi yapabileceğiniz tabaklar. Evinize sadece güzel kokmakla kalmayacak, aynı zamanda sizin için hazır bir yemeğin de hazır olduğu bir eve döneceksiniz.

MERCİMEK TARİFLERİ

Mercimek köri

Toplam süre: 5 saat 10 dakika

Porsiyon: 6

1 1/2 su bardağı yeşil mercimek, durulayın ve süzün
3 yemek kaşığı domates salçası
14 oz hindistan cevizi sütü konservesi
3 çay kaşığı köri tozu
1 soğan, doğranmış
3 diş sarımsak, kıyılmış
1 sarı biber, doğranmış
1/4 çay kaşığı biber
1/2 çay kaşığı öğütülmüş zencefil
2 çay kaşığı garam masala
2 çay kaşığı şeker
2 1/2 su bardağı su
2 yemek kaşığı zeytinyağı
1 çay kaşığı sarımsak tozu
1 çay kaşığı kimyon
1 1/2 çay kaşığı tuz

- Yavaş tencereye zeytinyağını, sarı dolmalık biberi, sarımsağı ve soğanı ekleyin.
- Mercimekleri yavaş tencereye ekleyin ve iyice karıştırın.
- Kalan tüm malzemeleri ekleyin ve iyice karıştırın.
- Kapağını kapatıp kısık ateşte 5 saat pişirin.
- İyice karıştırıp pilavla servis yapın.

Kalori 376, Yağ 19 gr, Karbonhidrat 39 gr, Şeker 4 gr, Protein 15 gr, Kolesterol 0 mg

Lezzetli Siyah Mercimek Köri

Toplam süre: 12 saat 15 dakika

Porsiyon: 8

1 su bardağı bütün siyah mercimek

3 karanfil

1 yemek kaşığı doğranmış zencefil

8 diş sarımsak, kıyılmış

2 yeşil biber, uzunlamasına kesilmiş

1 yemek kaşığı kişniş tozu

1/2 çay kaşığı zerdeçal tozu

1/2 su bardağı kırmızı barbunya fasulyesi

1 defne yaprağı

1 tarçın çubuğu

3 adet kakule kabuğu

1/2 çay kaşığı biber tozu

4 domates, doğranmış

1 çay kaşığı garam masala

1/4 bardak ağır krema

2 yemek kaşığı tereyağı

tuz

- Siyah mercimeği ve kırmızı fasulyeyi bir gece önceden suda bekletin.
- Krema dışındaki tüm malzemeleri 4 bardak su ile yavaş tencereye ekleyin ve iyice karıştırın.
- Kapağını kapatıp kısık ateşte 12 saat pişirin.
- İyice karıştırın ve kaşığın tersiyle hafifçe ezin.
- Kremayı ekleyin ve iyice karıştırın.
- Servis yapın ve tadını çıkarın.

Kalori 186, Yağ 4 gr, Karbonhidrat 27 gr, Şeker 2 gr, Protein 10 gr, Kolesterol 9 mg

Mercimek Balkabagi Köri

Toplam süre: 12 saat 15 dakika

Porsiyon: 8

2 su bardağı kırmızı mercimek

4 su bardağı balkabağı, küp şeklinde kesilmiş

2 yemek kaşığı doğranmış zencefil

1 1/2 çay kaşığı köri tozu

1 çay kaşığı öğütülmüş kişniş

1 soğan, doğranmış

2 diş sarımsak, kıyılmış

1 çay kaşığı garam masala

1 çay kaşığı zerdeçal

14 oz hindistan cevizi sütü konservesi

500 gr konserve domates, küp şeklinde kesilmiş

3 su bardağı sebze suyu

1 çay kaşığı öğütülmüş kimyon

1/2 çay kaşığı tuz

- Tüm malzemeleri yavaş pişiriciye ekleyin ve iyice karıştırın.
- Kapağını kapatıp kısık ateşte 8 saat pişirin.
- Servis yapın ve tadını çıkarın.

Kalori 329, Yağ 11 gr, Karbonhidrat 45 gr, Şeker 5 gr, Protein 15 gr, Kolesterol 0 mg

Basit Yavaş Tencere Mercimek

Toplam zaman: 6 saat 15 dakika

Porsiyon: 6

2 su bardağı kırmızı mercimek, durulanmış ve süzülmüş

1 defne yaprağı

1 yemek kaşığı öğütülmüş zerdeçal

1 yemek kaşığı taze zencefil, rendelenmiş

1 orta boy soğan, doğranmış

15 ons konserve domates, doğranmış

5 bardak su

1 çay kaşığı rezene tohumu

2 çay kaşığı hardal tohumu

2 çay kaşığı kimyon tohumu

1/4 çay kaşığı öğütülmüş karabiber

1 çay kaşığı koşer tuzu

- Tavayı orta ateşte ısıtın ve rezene tohumlarını, hardal tohumlarını ve kimyon tohumlarını tavada kokusu çıkana kadar 2-3 dakika kızartın.
- Kızartılmış baharatları ve kalan tüm malzemeleri yavaş tencereye ekleyin ve iyice karıştırın.
- Kapağını kapatıp kısık ateşte 6 saat pişirin.
- İyice karıştırıp servis yapın.

Kalori 265, Yağ 1 gr, Karbonhidrat 46 gr, Şeker 4 gr, Protein 18 gr, Kolesterol 0 mg

Hindistan cevizi ile mercimek ve patates köri

Toplam zaman: 8 saat 15 dakika
Porsiyon: 10

2 su bardağı kahverengi mercimek
14 oz hindistan cevizi sütü konservesi
3 su bardağı sebze suyu
15 ons domates sosu olabilir
15 ons konserve domates, doğranmış
1/4 çay kaşığı öğütülmüş karanfil
3 yemek kaşığı köri tozu
2 orta boy havuç, soyulmuş ve küp şeklinde kesilmiş
1 tatlı patates, soyulmuş ve küp şeklinde kesilmiş
2 diş sarımsak, kıyılmış
1 orta boy soğan, doğranmış

- Hindistan cevizi sütü dışındaki tüm malzemeleri yavaş pişiriciye ekleyin ve iyice karıştırın.

- Kapağını kapatıp kısık ateşte 8 saat pişirin.
- Hindistan cevizi sütünü karıştırın ve pirinçle servis yapın.

Kalori 152, Yağ 3 gr, Karbonhidrat 22 gr, Şeker 6 gr, Protein 9 gr, Kolesterol 0 mg

Baharatlı Mercimek Yahnisi

Toplam zaman: 6 saat 15 dakika

Porsiyon: 8

3 su bardağı kırmızı mercimek, durulanmış ve süzülmüş
3 1/2 bardak domates, ezilmiş
1/2 yemek kaşığı karabiber
1/2 yemek kaşığı köri tozu
1/2 yemek kaşığı kırmızı biber
1/2 yemek kaşığı biber tozu
1/2 yemek kaşığı garam masala
1/2 yemek kaşığı zerdeçal tozu
6 su bardağı sebze suyu
1 soğan, doğranmış
2 diş sarımsak, kıyılmış
3 serrano biber, doğranmış
2 yemek kaşığı kıyılmış kişniş
1 yemek kaşığı Creole baharatı
1 yemek kaşığı sarımsak tozu
1 yemek kaşığı soğan tozu

1/2 yemek kaşığı toz zencefil

- Tüm malzemeleri yavaş pişiriciye ekleyin ve iyice karıştırın.
- Kapağını kapatıp yüksek ateşte 5 saat pişirin.
- Yavaş pişiricinin kapağını açın ve 50 dakika daha pişirin.
- Servis yapın ve tadını çıkarın.

Kalori 318, Yağ 2 gr, Karbonhidrat 51 gr, Şeker 5 gr, Protein 23 gr, Kolesterol 0 mg

Glutensiz Masala Mercimek

Toplam zaman: 6 saat 10 dakika

Porsiyon: 8

2 1/4 su bardağı kahverengi mercimek

4 su bardağı sebze suyu

15 ons konserve domates, doğranmış

1 orta boy soğan, doğranmış

3 diş sarımsak, kıyılmış

1 yemek kaşığı taze zencefil, doğranmış

1/4 su bardağı domates salçası

2 çay kaşığı demirhindi ezmesi

1 çay kaşığı akçaağaç şurubu

1 1/2 çay kaşığı garam masala

1 bardak hindistan cevizi sütü

3/4 çay kaşığı tuz

- Hindistan cevizi sütü dışındaki tüm malzemeleri yavaş pişiriciye ekleyin ve iyice karıştırın.

- Kapağını kapatıp kısık ateşte 6 saat pişirin.
- Hindistan cevizi sütünü karıştırıp servis yapın.

Kalori 306, Yağ 9 gr, Karbonhidrat 41 gr, Şeker 5 gr, Protein 17 gr, Kolesterol 0 mg

Lezzetli kırmızı mercimek köri

Toplam zaman: 8 saat 15 dakika

Porsiyon: 16

4 su bardağı kahverengi mercimek, durulanmış ve süzülmüş

5 yemek kaşığı kırmızı köri ezmesi

1 yemek kaşığı garam masala

1 1/2 çay kaşığı zerdeçal

2 çay kaşığı şeker

1/2 bardak hindistan cevizi sütü

29 oz kutu domates püresi

2 soğan, doğranmış

4 diş sarımsak, kıyılmış

1 yemek kaşığı doğranmış zencefil

4 yemek kaşığı tereyağı

7 bardak su

1 çay kaşığı tuz

- Hindistan cevizi sütü dışındaki tüm malzemeleri yavaş pişiriciye ekleyin ve iyice karıştırın.
- Kapağını kapatıp kısık ateşte 8 saat pişirin.
- Hindistan cevizi sütünü ekleyin ve iyice karıştırın.
- Pirinçle servis yapın ve keyfini çıkarın.

Kalori 261, Yağ 6 gr, Karbonhidrat 37 gr, Şeker 4 gr, Protein 13 gr, Kolesterol 8 mg

Mercimek ve karnabahar köri

Toplam zaman: 5 saat 15 dakika
Porsiyon: 6

1 su bardağı kırmızı mercimek
3 su bardağı karnabahar, çiçeklere bölünmüş
3 hurma, çekirdekleri çıkarılmış ve doğranmış
2/3 su bardağı hindistan cevizi sütü
1 1/2 çay kaşığı zerdeçal
1 çay kaşığı zencefil, rendelenmiş
2 yemek kaşığı Tay kırmızı köri ezmesi
3 diş sarımsak, kıyılmış
1/2 soğan, doğranmış
3 su bardağı sebze suyu
1/4 çay kaşığı deniz tuzu

- Hindistan cevizi sütü dışındaki tüm malzemeleri yavaş pişiriciye ekleyin ve iyice karıştırın.
- Kapağını kapatıp kısık ateşte 5 saat pişirin.
- Hindistan cevizi sütünü ekleyin ve iyice karıştırın.

- Pirinçle servis yapın ve keyfini çıkarın.

Kalori 247, Yağ 9 gr, Karbonhidrat 29 gr, Şeker 6 gr, Protein 12 gr, Kolesterol 0 mg

Lezzetli Temperlenmiş Mercimek

Toplam zaman: 6 saat 20 dakika

Porsiyon: 6

1 1/2 su bardağı sarı mercimek, durulanmış ve süzülmüş

1/4 bardak taze kişniş, doğranmış

1 çay kaşığı zerdeçal tozu

2 çay kaşığı sarımsak, kıyılmış

2 orta boy domates, doğranmış

1/2 orta boy soğan, doğranmış

1 çay kaşığı tuz

Sıcaklık için:

2 yemek kaşığı bitkisel yağ

1/4 çay kaşığı biber tozu

1/2 çay kaşığı kişniş tozu

1/2 çay kaşığı kimyon tozu

1 diş sarımsak, kıyılmış

1/2 çay kaşığı bütün kimyon tohumu

- 4 bardak su ile yavaş tencereye mercimek ekleyin.

- Yavaş tencereye zerdeçal tozu, sarımsak, domates, soğan ve tuz ekleyin ve iyice karıştırın.
- Kapağını kapatıp kısık ateşte 5 saat pişirin.
- Bitkisel yağı tavada orta-yüksek ateşte ısıtın.
- Yağ ısınınca ateşi kapatıp kimyon, sarımsak ve baharatları ekleyin. İyice karıştırın.
- Hazırlanan temperayı sıcak mercimeğe karıştırın.
- Kişniş ekleyin ve iyice karıştırın.
- Tüm lezzetlerin karışması için mercimeği bir saat daha pişirin.
- Pirinçle sıcak servis yapın ve afiyetle yiyin.

Kalori 208, Yağ 5,2 gr, Karbonhidrat 28 gr, Şeker 1,5 gr, Protein 12,7 gr, Kolesterol 0 mg

Tatlı Patates Mercimek Çorbası

Toplam zaman: 6 saat 20 dakika

Porsiyon: 4

1 1/2 su bardağı kahverengi mercimek
1/2-inç küpler halinde kesilmiş 1 büyük tatlı patates
6 su bardağı sebze suyu
1 bardak hindistan cevizi sütü
1/2 yemek kaşığı biber salçası
1 orta boy soğan, doğranmış
3 diş sarımsak, kıyılmış
1/2 yemek kaşığı zencefil, rendelenmiş
2 çay kaşığı öğütülmüş kimyon
1 çay kaşığı garam masala
2 çay kaşığı limon suyu
1/4 bardak taze kişniş, doğranmış
400 gr konserve domates, doğranmış
Biber
tuz

- Yavaş pişiriciye domates ve limon suyu dışındaki tüm malzemeleri ekleyin ve iyice karıştırın.
- Kapağını kapatıp kısık ateşte 6 saat pişirin.
- Domatesleri ve limon suyunu karıştırın.
- Lezzetlerin karışması için çorbayı 10 dakika daha pişirin.
- Biber ve tuzla tatlandırın.
- Sıcak servis yapın ve keyfini çıkarın.

Kalori 395, Yağ 17 gr, Karbonhidrat 54 gr, Şeker 11 gr, Protein 23 gr, Kolesterol 1 mg

Kırmızı Mercimekli Patates Körili

Toplam zaman: 4 saat 15 dakika

Porsiyon: 8

1 su bardağı kırmızı mercimek, durulanmış
2 patates, küp şeklinde doğranmış
1 su bardağı kahverengi mercimek, durulanmış
1 büyük soğan, doğranmış
1/2 çay kaşığı zerdeçal
1/2 çay kaşığı kimyon tohumu, kızartılmış
1 çay kaşığı şeker
14 oz konserve domates, doğranmış
14 oz hindistan cevizi sütü konservesi
1 yemek kaşığı sarımsak, kıyılmış
1 çay kaşığı zencefil, doğranmış
2 yemek kaşığı tereyağı
2 yemek kaşığı köri tozu
1/2 çay kaşığı kırmızı biber gevreği

- Hindistan cevizi sütü dışındaki tüm malzemeleri yavaş pişiriciye ekleyin ve iyice karıştırın.
- Mercimek karışımını kaplayacak şekilde yavaş tencereye su ekleyin.
- Kapağını kapatıp yüksek ateşte 4 saat pişirin.
- Hindistan cevizi sütünü ekleyin ve iyice karıştırın.
- Sıcak servis yapın ve keyfini çıkarın.

Kalori 307, Yağ 14 gr, Karbonhidrat 39 gr, Şeker 3 gr, Protein 13 gr, Kolesterol 8 mg

Sağlıklı Ispanaklı Mercimek

Toplam zaman: 4 saat 30 dakika

Porsiyon: 4

1 su bardağı sarı bezelye

3 1/2 su bardağı su

100 gr ıspanak, doğranmış

1 çay kaşığı kimyon tohumu

1 yemek kaşığı taze zencefil, soyulmuş ve doğranmış

3 diş sarımsak, kıyılmış

1 çay kaşığı hardal tohumu

1 orta boy soğan, doğranmış

150 gr konserve domates, suyu süzülmüş ve küp şeklinde kesilmiş

2 jalapeno biber, çekirdekleri çıkarılmış ve doğranmış

1 çay kaşığı zerdeçal

1/2 çay kaşığı kişniş

1/4 çay kaşığı acı biber

1 çay kaşığı tuz

- Ispanak dışındaki tüm malzemeleri yavaş tencereye ekleyin ve iyice karıştırın.
- Kapağını kapatıp yüksek ateşte 4 saat pişirin.
- Ispanağı ekleyin ve 20 dakika daha pişirin.
- İyice karıştırıp servis yapın.

Kalori 236, Yağ 1,4 gr, Karbonhidrat 43 gr, Şeker 9 gr, Protein 16,1 gr, Kolesterol 0 mg

Kolay Mercimek Pilavı

Toplam zaman: 4 saat 10 dakika

Porsiyon: 6

1/2 bardak mercimek, durulanmış ve süzülmüş
1 çay kaşığı sarımsak tozu
3 1/2 su bardağı sebze suyu
1 yemek kaşığı köri tozu
1 su bardağı beyaz pirinç, durulanmış ve süzülmüş
1 soğan, doğranmış
1/4 çay kaşığı biber
tuz

- Tüm malzemeleri yavaş pişiriciye ekleyin ve iyice karıştırın.

- Kapağını kapatıp yüksek ateşte 4 saat pişirin.
- İyice karıştırıp servis yapın.

Kalori 204, Yağ 1,3 gr, Karbonhidrat 37 gr, Şeker 1,7 gr, Protein 9,6 gr, Kolesterol 0 mg

Mercimek Tavuk Sebze Köri

Toplam zaman: 4 saat 20 dakika

Porsiyon: 8

1 pound kurutulmuş mercimek, durulanmış ve süzülmüş
4 su bardağı taze ıspanak, doğranmış
4 su bardağı sebze suyu
1/4 çay kaşığı tarçın
1 1/2 çay kaşığı zerdeçal
1/2 çay kaşığı acı biber
1 yemek kaşığı köri tozu
2 pound tavuk budu, kemikleri alınmış ve parçalar halinde kesilmiş
6 diş sarımsak, kıyılmış
1 küçük baş karnabahar, çiçeklere bölünmüş
2 su bardağı havuç, doğranmış
1 büyük soğan, doğranmış
1 çay kaşığı tuz

- Ispanak dışındaki tüm malzemeleri yavaş tencereye ekleyin ve iyice karıştırın.
- Kapağını kapatıp yüksek ateşte 3 buçuk saat pişirin.
- Ispanakları ekleyip iyice karıştırın. Kapağını kapatıp 30 dakika daha pişirin.
- İyice karıştırıp pilavla servis yapın.

Kalori 473, Yağ 10 gr, Karbonhidrat 42 gr, Şeker 4,6 gr, Protein 51 gr, Kolesterol 101 mg

Sağlıklı Yeşil Mercimek Körisi

Toplam zaman: 6 saat 15 dakika

Porsiyon: 6

2 su bardağı yeşil mercimek, durulanmış ve süzülmüş
3 bardak su
6 ons domates salçası olabilir
14 oz hindistan cevizi sütü konservesi
1 çay kaşığı kimyon
1 çay kaşığı köri tozu
1/2 çay kaşığı öğütülmüş kişniş
1 çay kaşığı zerdeçal
1 çay kaşığı bitkisel yağ
6 diş sarımsak, kıyılmış
1 büyük soğan, doğranmış
1 1/4 çay kaşığı tuz

- Yağı tavada orta ateşte ısıtın.
- Tavaya sarımsak ve soğanı ekleyip 5 dakika soteleyin.

- Kimyon, köri tozu, kişniş, zerdeçal ve tuzu ekleyip 1 dakika soteleyin.
- Tava karışımını kalan malzemelerle birlikte yavaş tencereye aktarın. İyice karıştırın.
- Kapağını kapatıp kısık ateşte 6 saat pişirin.
- Pirinçle sıcak servis yapın ve afiyetle yiyin.

Kalori 404, Yağ 15,9 gr, Karbonhidrat 49 gr, Şeker 5,9 gr, Protein 19,7 gr, Kolesterol 0 mg

Füme mercimek çorbası

Toplam zaman: 6 saat 15 dakika

Porsiyon: 6

2 su bardağı kırmızı mercimek
2 yemek kaşığı füme kırmızı biber
2 havuç, doğranmış
4 diş sarımsak, kıyılmış
8 su bardağı sebze suyu
1 soğan, doğranmış
3 yemek kaşığı kıyılmış taze maydanoz
1/4 bardak kabuklu kabak çekirdeği
2 patates, soyulmuş ve doğranmış
1/3 bardak domates salçası
3 yemek kaşığı limon suyu
3 yemek kaşığı bitkisel yağ

- Yavaş pişiriciye mercimek, limon suyu, domates salçası, sarımsak, kırmızı biber, havuç, patates, soğan ve et suyunu ekleyin ve iyice karıştırın.

- Kapağını kapatıp kısık ateşte 6 saat pişirin.
- Bu arada küçük bir kapta maydanozu ve yağı birleştirin.
- Çorbayı kaselere dökün ve maydanoz ve yağ karışımıyla baharatlayın.
- Kabak çekirdeğini çorbanın üzerine serpin.
- Servis yapın ve tadını çıkarın.

Kalori 474, Yağ 9,9 g, Karbonhidrat 67,6 g, Şeker 7 g, Protein 25,8 g, Kolesterol 0 mg

Hindistan cevizi ve ıspanaklı mercimek çorbası

Toplam zaman: 4 saat 45 dakika

Porsiyon: 6

4 su bardağı taze ıspanak, doğranmış
400 ml hindistan cevizi sütü
4 su bardağı sebze suyu
1 1/2 su bardağı kırmızı mercimek, durulanmış ve süzülmüş
1 çay kaşığı öğütülmüş tarçın
1/2 çay kaşığı garam masala
1 çay kaşığı öğütülmüş zerdeçal
1 çay kaşığı öğütülmüş kişniş tohumu
1 çay kaşığı öğütülmüş kimyon
2 çay kaşığı sarımsak, kıyılmış
1 büyük soğan, doğranmış
1 yemek kaşığı bitkisel yağ
Biber
tuz

- Yağı tavada orta ateşte ısıtın.
- Soğanı tavaya ekleyin ve 5 dakika veya altın rengi kahverengi olana kadar soteleyin.
- Tarçın, garam masala, zerdeçal, kişniş, kimyon ve sarımsağı ekleyip 2 dakika pişirin.
- Soğan ve baharat karışımını yavaş tencereye aktarın.
- Mercimekleri ve et suyunu yavaş tencereye ekleyin ve iyice karıştırın.
- Kapağını kapatıp kısık ateşte 4 saat pişirin.
- Hindistan cevizi sütünü ve ıspanağı ekleyin. İyice karıştırın ve 30 dakika daha pişirin.
- Biber ve tuzla tatlandırın.
- Servis yapın ve tadını çıkarın.

Kalori 368, Yağ 20 gr, Karbonhidrat 37 gr, Şeker 5 gr, Protein 14,9 gr, Kolesterol 0 mg

Baharatlı Keema Mercimek

Toplam zaman: 4 saat 15 dakika

Porsiyon: 4

3 su bardağı yeşil mercimek, pişmiş
1 çay kaşığı kurutulmuş pul biber
1/2 çay kaşığı öğütülmüş zerdeçal
2 çay kaşığı garam masala
2 çay kaşığı öğütülmüş kişniş
2 çay kaşığı öğütülmüş kimyon
1 büyük soğan, doğranmış
3 yemek kaşığı taze zencefil, rendelenmiş
6 diş sarımsak, kıyılmış
1 1/2 su bardağı sebze suyu
2 yemek kaşığı tamari
1 çay kaşığı biber
1 çay kaşığı tuz

- Tüm malzemeleri yavaş pişiriciye ekleyin ve iyice karıştırın.
- Kapağını kapatıp kısık ateşte 4 saat pişirin.
- İyice karıştırıp servis yapın.

Kalori 206, Yağ 0,9 gr, Karbonhidrat 37 gr, Şeker 2 gr Protein 15 gr, Kolesterol 0 mg

Kremalı bölünmüş bezelye köri

Toplam zaman: 6 saat 15 dakika

Porsiyon: 6

1 1/2 su bardağı kuru bezelye

1 bardak krema

1/2 çay kaşığı öğütülmüş zencefil

2 çay kaşığı köri tozu

1 yemek kaşığı zerdeçal

1 yemek kaşığı yeşil köri ezmesi

3 diş sarımsak, kıyılmış

1/2 bardak soğan, doğranmış

15 ons hindistan cevizi sütü olabilir

28 ons konserve domates, ezilmiş

1 çay kaşığı tuz

- Yavaş pişiriciye krema dışındaki tüm malzemeleri ekleyin. İyice karıştırın.

- Kapağını kapatıp kısık ateşte 6 saat pişirin.
- Kremayı ekleyin ve iyice karıştırın.
- Pirinçle servis yapın ve keyfini çıkarın.

Kalori 425, Yağ 23,8 gr, Karbonhidrat 42,4 gr, Şeker 9 gr, Protein 15,5 gr, Kolesterol 27 mg

Mercimek Sebze Çorbası

Toplam zaman: 8 saat 15 dakika

Porsiyon: 8

1 1/2 su bardağı yeşil mercimek, durulanmış ve süzülmüş

9 su bardağı sebze suyu

5 adet karabiber

3 defne yaprağı

3 yemek kaşığı soya sosu

1 çay kaşığı kekik

2 çay kaşığı kekik

1 yemek kaşığı sarımsak tozu

2 su bardağı mısır

4 su bardağı patates, küp şeklinde kesilmiş

3 büyük havuç, küp şeklinde kesilmiş

3 büyük kereviz çubuğu, doğranmış

2 orta boy soğan, doğranmış

- Tüm malzemeleri yavaş pişiriciye ekleyin ve iyice karıştırın.
- Kapağını kapatıp kısık ateşte 8 saat pişirin.
- Çorbadan karabiberleri ve defne yapraklarını atın ve istenilen kıvama gelinceye kadar blender karışımı çorbasını kullanın.
- Sıcak servis yapın ve keyfini çıkarın.

Kalori 288, Yağ 2,6 gr, Karbonhidrat 49 gr, Şeker 6,7 gr, Protein 18,5 gr, Kolesterol 0 mg

Limonlu Lezzetli Mercimek

Toplam zaman: 2 saat 45 dakika

Porsiyon: 8

1 1/2 su bardağı pembe mercimek
1 yemek kaşığı süt
2 yemek kaşığı limon suyu
2 serrano biberi, dilimlenmiş
1 yemek kaşığı taze zencefil, doğranmış
4 diş sarımsak, dilimlenmiş
1 küçük soğan, doğranmış
5 bardak su
1 1/2 çay kaşığı tuz

- Yavaş pişiriciye süt ve limon suyu dışındaki tüm malzemeleri ekleyin. İyice karıştırın.
- Kapağını kapatıp yüksek ateşte 2 buçuk saat pişirin.

- Limon suyunu ekleyin ve iyice karıştırın.
- Sütü ekleyip iyice karıştırıp servis yapın.

Kalori 135, Yağ 0,9 g, Karbonhidrat 23,4 g, Şeker 0,6 g, Protein 9,4 g, Kolesterol 0 mg

Lezzetli Havuçlu Mercimek Çorbası

Toplam zaman: 8 saat 15 dakika

Porsiyon: 8

1/2 bardak mercimek
2 pound havuç, soyulmuş ve 1 inçlik parçalar halinde kesilmiş
1/2 çay kaşığı harissa
1/4 bardak akçaağaç şurubu
1 su bardağı portakal suyu
4 su bardağı sebze suyu
1 çay kaşığı taze zencefil, rendelenmiş
1/2 yemek kaşığı öğütülmüş kimyon
1/2 yemek kaşığı köri tozu
1 orta boy soğan, soyulmuş ve doğranmış
Biber
tuz

- Yavaş pişiriciye portakal suyunu, et suyunu, zencefili, köri tozunu, soğanı ve havuçları ekleyin ve iyice karıştırın.

- Kapağını kapatıp kısık ateşte 6 saat pişirin.
- Mercimek, harissa ve akçaağaç şurubunu ekleyin. İyice karıştırın ve yüksek ateşte 2 saat daha pişirin.
- Biber ve tuzla tatlandırın.
- Servis yapın ve tadını çıkarın.

Kalori 158, Yağ 1,1 g, Karbonhidrat 30,6 g Şeker 15,3 g Protein 7 g, Kolesterol 0 mg

Mercimek Tatlı Patates Fasulye Yahni

Toplam zaman: 6 saat 30 dakika

Porsiyon: 6

3/4 su bardağı kurutulmuş mercimek, durulanmış ve süzülmüş

3 bardak tatlı patates, 1 inç küpler halinde kesilmiş

1 1/2 bardak yeşil fasulye, parçalar halinde kesilmiş

1 1/2 bardak bebek havuç

1/2 su bardağı sade yoğurt

1 3/4 su bardağı sebze suyu

2 diş sarımsak, kıyılmış

1 çay kaşığı taze zencefil, doğranmış

1 çay kaşığı öğütülmüş kimyon

1 yemek kaşığı köri tozu

2 yemek kaşığı bitkisel yağ

1/4 bardak soğan, doğranmış

1/4 çay kaşığı karabiber

1/2 çay kaşığı tuz

- Yavaş tencereye mercimek, havuç, soğan ve tatlı patatesleri ekleyin.
- Bir tavada yağı orta ateşte ısıtın.
- Sarımsak, zencefil, biber, kimyon, köri tozu ve tuzu ekleyip 1 dakika karıştırın. Et suyunu karıştırın.
- Karışımı yavaş tencereye dökün ve iyice karıştırın.
- Kapağını kapatıp kısık ateşte 6 saat pişirin.
- Isıyı azaltın ve yeşil fasulyeleri ekleyin. Kapağını kapatıp 15 dakika daha pişirin.
- Sade yoğurtla tamamlayıp servis yapın.

Kalori 269, Yağ 5,9 gr, Karbonhidrat 43,5 gr, Şeker 4,8 gr, Protein 10,8 gr, Kolesterol 1 mg

FASULYE VE BEZELYE TARİFLERİ

Sağlıklı nohut ve tofu

Toplam zaman: 4 saat 15 dakika

Porsiyon: 6

12 ons sert tofu

15 ons konserve nohut, durulanmış ve süzülmüş

1/8 bardak kişniş, doğranmış

1/2 çay kaşığı öğütülmüş zencefil

2 çay kaşığı biber tozu

1 yemek kaşığı köri tozu

1 yemek kaşığı garam masala

1 su bardağı domates püresi

14 oz hindistan cevizi sütü konservesi

4 diş sarımsak, kıyılmış

1 orta boy soğan, doğranmış

1 çay kaşığı bitkisel yağ

Biber

tuz

- Tofuyu iyice durulayın ve kağıt havluyla kurulayın. Tofudaki tüm sıvıyı sıkın ve tofuyu parçalara ayırın.

- Tenceredeki yağı orta ateşte ısıtın.
- Soğanı tavaya ekleyin ve 5 dakika soteleyin.
- Sarımsakları ekleyip 1 dakika pişirin.
- Hindistan cevizi sütü, zencefil, kırmızı biber tozu, köri tozu, garam masala, domates püresi, biber ve tuzu karıştırın. 5 dakika pişirin.
- Yavaş tencereye nohut ve tofuyu ekleyin.
- Karışımı yavaş pişiricideki tavaya dökün.
- Kapağını kapatıp kısık ateşte 4 saat pişirin.
- Kişnişle süsleyip servis yapın.

Kalori 294, Yağ 18,5 gr, Karbonhidrat 26,2 gr, Şeker 3,3 gr, Protein 10,8 gr, Kolesterol 0 mg

Mercimek ve nohutlu kabak köri

Toplam zaman: 8 saat 40 dakika
Porsiyon: 6

15 ons konserve nohut, durulanmış ve süzülmüş
1 su bardağı kabak püresi
1 bardak mercimek, durulanmış ve süzülmüş
15 ons hindistan cevizi sütü olabilir
1/4 çay kaşığı öğütülmüş acı biber
1 yemek kaşığı köri tozu
2 su bardağı sebze suyu
2 diş sarımsak, kıyılmış
1 orta boy soğan, doğranmış
1 çay kaşığı koşer tuzu

- Hindistan cevizi sütü dışındaki tüm malzemeleri yavaş pişiriciye ekleyin ve iyice karıştırın.
- Kapağını kapatıp kısık ateşte 8 saat pişirin.
- Hindistan cevizi sütünü ekleyin ve iyice karıştırın. 30 dakika daha pişirin.
- Pirinçle servis yapın ve keyfini çıkarın.

Kalori 376, Yağ 17 gr, Karbonhidrat 43,5 gr, Şeker 3,1 gr, Protein 15,7 gr, Kolesterol 0 mg

Kuzey Hindistan kırmızı fasulyesi

Toplam zaman: 4 saat 15 dakika

Porsiyon: 4

2 su bardağı kurutulmuş kırmızı barbunya fasulyesi, bir gece önceden ıslatın

2 yemek kaşığı kıyılmış kişniş

1 su bardağı domates sosu

1 tarçın çubuğu

1/4 çay kaşığı zerdeçal

1/4 çay kaşığı acı biber

1/4 çay kaşığı öğütülmüş kişniş

1 yemek kaşığı limon suyu

4 diş sarımsak, kıyılmış

1 çay kaşığı zencefil, doğranmış

1 orta boy soğan, doğranmış

1 çay kaşığı kimyon tohumu

1 defne yaprağı

1 yemek kaşığı bitkisel yağ

1 1/2 çay kaşığı tuz

- Yağı tavada orta ateşte ısıtın.
- Soğanı, defne yaprağını ve kimyon tohumlarını tavaya ekleyin ve 5 dakika pişirin.
- Kuru baharatları ve limon suyunu ekleyip 2 dakika karıştırın.
- Yavaş pişiriciye fasulyeleri, tarçın çubuğunu, domates sosunu ve tuzu ekleyin.
- Karışımı yavaş tencereye aktarın ve iyice karıştırın.
- Kapağını kapatıp yüksek ateşte 4 saat pişirin.
- Bir kaşık kullanarak kırmızı fasulyeleri hafifçe ezmek sosun koyulaşmasına yardımcı olur.
- Kişnişle süsleyip servis yapın.

Kalori 376, Yağ 4,8 gr, Karbonhidrat 64,1 gr, Şeker 5,9 gr, Protein 22,2 gr, Kolesterol 0 mg

Basit Siyah Gözlü Bezelye

Toplam zaman: 6 saat 15 dakika

Porsiyon: 6

1 pound kurutulmuş börülce, gece boyunca ıslatın
1 çay kaşığı öğütülmüş adaçayı
1/8 çay kaşığı kekik
1 defne yaprağı
1 diş sarımsak, doğranmış
1 küçük soğan, doğranmış
2 bardak su
2 su bardağı sebze suyu
1/2 çay kaşığı biber
1 çay kaşığı deniz tuzu

- Tüm malzemeleri yavaş pişiriciye ekleyin ve iyice karıştırın.

- Kapağını kapatıp kısık ateşte 6 saat pişirin.
- Servis yapın ve tadını çıkarın.

Kalori 203, Yağ 0,5 gr, Karbonhidrat 48,8 gr, Şeker 2,8 gr, Protein 20,2 gr, Kolesterol 0 mg

Lezzetli siyah gözlü bezelye köri

Toplam zaman: 4 saat 15 dakika

Porsiyon: 4

1 su bardağı geceden ıslatılmış kuru börülce
1 defne yaprağı
6 diş sarımsak, kıyılmış
1/2 çay kaşığı karabiber
1/4 çay kaşığı acı biber
2 domates, doğranmış
3 bardak su
1 çay kaşığı zencefil, doğranmış
1 çay kaşığı zerdeçal
1/2 çay kaşığı kimyon tohumu
1 büyük soğan, doğranmış
1 çay kaşığı garam masala
1 çay kaşığı tuz

- Tüm malzemeleri yavaş pişiriciye ekleyin ve iyice karıştırın.

- Kapağını kapatıp yüksek ateşte 4 saat pişirin.
- İyice karıştırıp servis yapın.

Kalori 128, Yağ 0,4 gr, Karbonhidrat 31,4 gr, Şeker 4,3 gr, Protein 10,4 gr Kolesterol 0 mg

Sağlıklı Yeşil Bezelye ve Karnabahar Korma

Toplam zaman: 4 saat 15 dakika

Porsiyon: 4

10 ons yeşil bezelye

1 baş karnabahar, çiçeklere bölünmüş

1 bardak su

1 1/2 bardak hindistan cevizi sütü

1/4 çay kaşığı acı biber

1 çay kaşığı zerdeçal

1/4 çay kaşığı kimyon

2 çay kaşığı garam masala

1 orta boy soğan, doğranmış

- Tüm malzemeleri yavaş pişiriciye ekleyin ve iyice karıştırın.

- Kapağını kapatıp kısık ateşte 4 saat pişirin.
- İyice karıştırıp servis yapın.

Kalori 295, Yağ 21,9 gr, Karbonhidrat 21,8 gr, Şeker 9,8 gr, Protein 7,6 gr, Kolesterol 0 mg

Bir kase kırmızı fasulye

Toplam zaman: 8 saat 15 dakika

Porsiyon: 4

14 ons barbunya fasulyesi konservesi, süzülmüş ve durulanmış

1/2 çay kaşığı garam masala

1/2 çay kaşığı zerdeçal tozu

2 su bardağı doğranmış soğan

1 domates, doğranmış

1/2 inç tarçın çubuğu

1 defne yaprağı

2 karanfil

1 çay kaşığı zencefil, doğranmış

5 diş sarımsak, kıyılmış

1 yeşil biber, doğranmış

1/2 yemek kaşığı kimyon tohumu

1 çay kaşığı acı biber

1 yemek kaşığı kırmızı biber

tuz

- Yoğurt dışındaki tüm malzemeleri yavaş tencereye ekleyin ve iyice karıştırın.
- 4 bardak su ekleyin ve birleştirmek için karıştırın.
- Kapağını kapatıp yüksek ateşte 8 saat pişirin.
- Kaşığın arkasını kullanarak biraz fasulyeyi ezin.
- İyice karıştırıp pilavla servis yapın.

Kalori 399, Yağ 2,1 gr, Karbonhidrat 72,2 gr, Şeker 7,4 gr, Protein 25,6 gr, Kolesterol 2 mg

Nohut Mercimek Biber

Toplam zaman: 8 saat 15 dakika

Porsiyon: 6

1 su bardağı geceden ıslatılmış kuru nohut

1/2 bardak kuru üzüm

2 1/2 su bardağı sebze suyu

1/2 su bardağı su

28 ons bütün, süzülmemiş, ezilmiş domates olabilir

2 su bardağı tatlı patates, küp şeklinde kesilmiş

1 su bardağı mercimek

1/2 çay kaşığı biber tozu

1/2 çay kaşığı öğütülmüş tarçın

1/4 çay kaşığı öğütülmüş zerdeçal

1 su bardağı soğan, doğranmış

5 diş sarımsak, kıyılmış

1 1/2 çay kaşığı öğütülmüş kimyon

1 çay kaşığı koşer tuzu

- Tüm malzemeleri yavaş pişiriciye ekleyin ve iyice karıştırın.
- Kapağını kapatıp kısık ateşte 8 saat pişirin.
- İyice karıştırıp servis yapın.

Kalori 388, Yağ 3,3 g, Karbonhidrat 73,3 g, Şeker 17,3 g, Protein 19,6 g, Kolesterol 0 mg

Kırmızı Fasulye ve Mercimek

Toplam zaman: 4 saat 15 dakika

Porsiyon: 10

3 su bardağı kırmızı barbunya fasulyesi, pişmiş

1 su bardağı siyah mercimek, durulanmış ve süzülmüş

1/4 çay kaşığı öğütülmüş hardal

1/4 çay kaşığı öğütülmüş hindistan cevizi

1 çay kaşığı öğütülmüş zerdeçal

1 çay kaşığı öğütülmüş kakule

1 1/2 çay kaşığı biber tozu

3 çay kaşığı öğütülmüş kimyon

2 yemek kaşığı rendelenmiş zencefil

6 diş sarımsak, kıyılmış

5 bardak su

Hizmet etmek:

1 çay kaşığı garam masala

2 çay kaşığı rendelenmiş zencefil

2 çay kaşığı domates salçası

1/2 bardak kaju kreması

tuz

- Yavaş pişiriciye servis malzemeleri dışındaki tüm malzemeleri ekleyin ve iyice karıştırın.
- Kapağını kapatıp yüksek ateşte 4 saat pişirin.
- Servis için tüm malzemeleri ekleyip iyice karıştırın.
- Pirinçle servis yapın ve keyfini çıkarın.

Kalori 288, Yağ 2,8 gr, Karbonhidrat 49,1 gr, Şeker 2 gr, Protein 18,4 gr, Kolesterol 0 mg

Basit nohut köri

Toplam zaman: 6 saat 10 dakika

Porsiyon: 6

15 ons nohut olabilir

15 ons hindistan cevizi sütü olabilir

15 ons konserve domates, doğranmış

1/4 yemek kaşığı kıyılmış kişniş

2 yemek kaşığı köri tozu

1 çay kaşığı zencefil, doğranmış

4 diş sarımsak, kıyılmış

2 soğan, doğranmış

tuz

- Kişniş dışındaki tüm malzemeleri yavaş tencereye ekleyin ve iyice karıştırın.

- Kapağını kapatıp kısık ateşte 6 saat pişirin.
- Kişnişle süsleyip servis yapın.

Kalori 265, Yağ 16,3 gr, Karbonhidrat 27,1 gr, Şeker 4,1 gr, Protein 6,4 gr, Kolesterol 0 mg

Bezelye ve Nohuttan Sebzeli Köri

Toplam zaman: 2 saat 15 dakika

Porsiyon: 8

1 su bardağı nohut, süzülmüş
1 bardak bezelye
1 çay kaşığı kırmızı biber gevreği
1 çay kaşığı öğütülmüş kişniş
1 çay kaşığı toz zencefil
2 yemek kaşığı köri tozu
15 ons hindistan cevizi sütü olabilir
2 su bardağı sebze suyu
1 orta boy soğan, doğranmış
3/4 bardak havuç, doğranmış
1 1/2 su bardağı patates, doğranmış
2 çay kaşığı deniz tuzu

- Tüm malzemeleri yavaş pişiriciye ekleyin ve iyice karıştırın.
- Kapağını kapatıp yüksek ateşte 2 saat pişirin.
- İyice karıştırıp servis yapın.

Kalori 201, Yağ 12,4 gr, Karbonhidrat 19 gr, Şeker 2,7 gr, Protein 5,7 gr, Kolesterol 0 mg

Mükemmel Körili Fırında Fasulye

Toplam zaman: 8 saat 10 dakika

Porsiyon: 8

4 bardak barbunya fasulyesi, pişmiş

1 yemek kaşığı bitkisel yağ

1 orta boy soğan, doğranmış

14 oz hindistan cevizi sütü konservesi

6 ons domates salçası olabilir

2 yemek kaşığı esmer şeker

1 diş sarımsak, kıyılmış

1 yemek kaşığı taze zencefil, doğranmış

3 çay kaşığı köri tozu

1/8 çay kaşığı kırmızı biber gevreği

1/2 çay kaşığı kimyon

1/2 çay kaşığı tuz

- Pişmiş fasulyeleri yavaş tencereye ekleyin.

- Yağı tavada orta ateşte ısıtın.
- Soğanı ekleyip 5 dakika soteleyin.
- Sarımsakları ekleyin ve bir dakika daha soteleyin.
- Doğranmış kırmızı biberi, kimyonu, köri tozunu, zencefili ve tuzu ekleyip karıştırın.
- Isıyı azaltın ve hindistan cevizi sütünü, esmer şekeri ve domates salçasını ekleyin.
- Tavadaki karışımı fasulyelerin üzerine dökün ve iyice karıştırın.
- Yavaş pişiricinin kapağını kapatın ve 8 saat pişirin.
- Servis yapın ve tadını çıkarın.

Kalori 485, Yağ 13 gr, Karbonhidrat 70,4 gr, Şeker 7,4 gr, Protein 22,9 gr, Kolesterol 0 mg

Biberli Kırmızı Fasulye

Toplam zaman: 5 saat 10 dakika

Porsiyon: 4

3/4 bardak kereviz, doğranmış

1 çay kaşığı kurutulmuş kekik

1 çay kaşığı kırmızı biber

3/4 çay kaşığı öğütülmüş kırmızı biber

1/2 çay kaşığı öğütülmüş karabiber

3 bardak su

1 su bardağı kurutulmuş kırmızı barbunya fasulyesi

1 su bardağı soğan, doğranmış

1 bardak yeşil dolmalık biber, doğranmış

400 gr hindi sosisi, dilimlenmiş

1 defne yaprağı

5 diş sarımsak, kıyılmış

1/2 çay kaşığı tuz

- Tüm malzemeleri yavaş pişiriciye ekleyin ve iyice karıştırın.
- Kapağını kapatıp yüksek ateşte 5 saat pişirin.
- İyice karıştırıp pilavla servis yapın.

Kalori 525, Yağ 29 gr, Karbonhidrat 35,8 gr, Şeker 4,1 gr, Protein 30,8 gr, Kolesterol 83 mg

Güvercin kara gözlü bezelye

Toplam zaman: 6 saat 30 dakika

Porsiyon: 10

1 pound kurutulmuş börülce, durulanmış ve süzülmüş

1 çay kaşığı öğütülmüş karabiber

1 1/2 çay kaşığı kimyon

1/2 çay kaşığı acı biber

1 jalapeno biberi, çekirdeği çıkarılmış ve doğranmış

1 kırmızı biber, çekirdeği çıkarılmış ve doğranmış

2 diş sarımsak, doğranmış

1 soğan, doğranmış

6 bardak su

tuz

- Tüm malzemeleri yavaş pişiriciye ekleyin ve iyice karıştırın.
- Kapağını kapatıp kısık ateşte 6 saat pişirin.
- Servis yapın ve tadını çıkarın.

Kalori 122, Yağ 0,2 gr, Karbonhidrat 30,7 gr, Şeker 2,4 gr, Protein 11,4 gr, Kolesterol 0 mg

Kinoa ile nohut ve hindistan cevizi köri

Toplam zaman: 4 saat 20 dakika

Porsiyon: 8

3 su bardağı tatlı patates, soyulmuş ve doğranmış

2 su bardağı brokoli çiçeği

400 ml hindistan cevizi sütü

1/4 bardak kinoa

2 diş sarımsak, kıyılmış

1 yemek kaşığı zencefil, rendelenmiş

1 su bardağı soğan, doğranmış

15 ons konserve nohut, süzülmüş ve durulanmış

28 ons konserve domates, doğranmış

1 çay kaşığı öğütülmüş zerdeçal

2 çay kaşığı tamari

1 çay kaşığı kırmızı biber gevreği

- Tüm malzemeleri yavaş pişiriciye ekleyin ve iyice karıştırın.
- Kapağını kapatıp yüksek ateşte 4 saat pişirin.
- Servis yapın ve tadını çıkarın.

Kalori 291, Yağ 12,2 gr, Karbonhidrat 41,3 gr, Şeker 9,3 gr, Protein 7,9 gr, Kolesterol 0 mg

Kırmızı Fasulyeli Lahana Çorbası

Toplam zaman: 8 saat 10 dakika

Porsiyon: 6

15 ons kırmızı barbunya fasulyesi konservesi, süzülmüş ve durulanmış

4 bardak su

4 diş sarımsak, kıyılmış

1 defne yaprağı

1 çay kaşığı kurutulmuş kekik

5 ons domates salçası

1/2 baş yeşil lahana, doğranmış

1 yeşil biber, çekirdeği çıkarılmış ve doğranmış

1 orta boy soğan, doğranmış

1 orta boy havuç, soyulmuş ve küp şeklinde kesilmiş

1/4 çay kaşığı karabiber

tuz

- Tüm malzemeleri yavaş pişiriciye ekleyin ve iyice karıştırın.
- Kapağını kapatıp yüksek ateşte 8 saat pişirin.
- İyice karıştırıp servis yapın.

Kalori 275, Yağ 0,9 gr, Karbonhidrat 51,9 gr, Şeker 8,6 gr, Protein 18,4 gr, Kolesterol 0 mg

Glutensiz nohut köri

Toplam zaman: 4 saat 10 dakika

Porsiyon: 4

14 ons konserve nohut, süzülmüş

3 su bardağı tatlı patates, soyulmuş ve doğranmış

1/2 çay kaşığı kırmızı biber gevreği

1 yemek kaşığı bal

1 çay kaşığı öğütülmüş kimyon

2 çay kaşığı öğütülmüş zerdeçal

2 çay kaşığı garam masala

13 onsluk krema kutusu

1 çay kaşığı bitkisel yağ

1 yemek kaşığı taze zencefil, rendelenmiş

4 diş sarımsak, kıyılmış

1 büyük soğan, doğranmış

- Yağı tavada orta ateşte ısıtın.

- Tavaya soğanı, sarımsağı ve zencefili ekleyip 5 dakika soteleyin.
- Soğan karışımını bal, baharatlar, krema ve tuzla birlikte karıştırıcıya ekleyin ve pürüzsüz hale gelinceye kadar karıştırın.
- Kalan malzemeleri ve köri karışımını yavaş tencereye ekleyin ve iyice karıştırın.
- Kapağını kapatıp yüksek ateşte 4 saat pişirin.
- Servis yapın ve tadını çıkarın.

Kalori 636, Yağ 17,9 g, Karbonhidrat 113,6 g, Şeker 54,1 g, Protein 8,7 g, Kolesterol 0 mg

Acılı Vejetaryen Kase

Toplam zaman: 4 saat 20 dakika

Porsiyon: 8

1 çay kaşığı garam masala

4 büyük domates, soyulmuş, çekirdekleri çıkarılmış ve doğranmış

1/3 bardak siyah fasulye, süzülmüş ve durulanmış

1/3 bardak nohut, durulanmış ve süzülmüş

1 1/2 su bardağı soğan, doğranmış

1 su bardağı yeşil biber, doğranmış

3 diş sarımsak, kıyılmış

1/3 bardak kırmızı barbunya fasulyesi, durulanmış ve süzülmüş

1 1/2 su bardağı sebze suyu

2 yemek kaşığı taze kişniş, doğranmış

2 yemek kaşığı bitkisel yağ

2 yeşil biber, doğranmış

1/2 orta boy kabak, parçalar halinde kesilmiş

1 bardak kereviz, doğranmış

1/2 yemek kaşığı biber tozu

1/2 yemek kaşığı öğütülmüş kişniş

1/2 çay kaşığı kimyon tozu

1 çay kaşığı kurutulmuş kekik
1 çay kaşığı kurutulmuş kekik
1 çay kaşığı taze zencefil
1/4 çay kaşığı zerdeçal
1 1/4 çay kaşığı tuz

- Yağı tavada orta ateşte ısıtın.
- Soğanı, kerevizi, yeşil biberleri ve zencefili tavaya ekleyin ve 5 dakika soteleyin.
- Baharatları ekleyip 2 dakika daha karıştırın.
- Kalan tüm malzemeleri yavaş pişiriciye tava karışımıyla birlikte ekleyin. iyice karıştırın.
- Kapağını kapatıp kısık ateşte 8 saat pişirin.
- Servis yapın ve tadını çıkarın.

Kalori 135, Yağ 5,7 gr, Karbonhidrat 19,5 gr, Şeker 6,7 gr, Protein 4,4 gr, Kolesterol 0 mg

Sağlıklı Zerdeçal Mercimek Fasulye Biber

Toplam zaman: 4 saat 15 dakika

Porsiyon: 6

15 ons kırmızı barbunya fasulyesi konservesi, durulanmış ve süzülmüş

1 bardak hindistan cevizi sütü

1 çay kaşığı zerdeçal

1 çay kaşığı biber tozu

1 çay kaşığı öğütülmüş kimyon

6 ons domates salçası olabilir

2 bardak su

32 ons sebze suyu

1 küçük soğan, doğranmış

2 su bardağı yeşil mercimek, durulanmış ve süzülmüş

- Hindistan cevizi sütü dışındaki tüm malzemeleri yavaş pişiriciye ekleyin ve iyice karıştırın.
- Kapağını kapatıp yüksek ateşte 4 saat pişirin.

- Hindistan cevizi sütünü ekleyin ve iyice karıştırın.
- İyice karıştırıp servis yapın.

Kalori 598, Yağ 11,5 gr, Karbonhidrat 92,6 gr, Şeker 9,2 gr, Protein 35,5 gr, Kolesterol 0 mg

Nohut ve lahana tatlı patates güveç

Toplam zaman: 4 saat 20 dakika

Porsiyon: 8

15,5 oz konserve nohut, süzülmüş ve durulanmış

150 gr lahana, doğranmış

2 kırmızı biber, doğranmış

1 1/2 pound tatlı patates, soyulmuş ve parçalar halinde kesilmiş

2 yemek kaşığı köri tozu

1 çay kaşığı taze zencefil, soyulmuş ve doğranmış

3 diş sarımsak, kıyılmış

2 su bardağı sebze suyu

400 gr konserve domates, suyu süzülmüş ve küp şeklinde kesilmiş

1/4 çay kaşığı karabiber

14 oz hindistan cevizi sütü konservesi

1 çay kaşığı bitkisel yağ

1 büyük soğan, doğranmış

1 yemek kaşığı koşer tuzu

- Yağı tavada orta ateşte ısıtın.

- Soğanı ve 1 çay kaşığı tuzu ekleyip 5 dakika soteleyin.
- Patatesleri ve 1 çay kaşığı tuzu ekleyip 5 dakika daha soteleyin.
- Köri tozu, sarımsak ve zencefili ekleyip 2 dakika karıştırın.
- Tava karışımını, lahana ve hindistancevizi sütü dışında kalan malzemelerle birlikte yavaş pişiriciye ekleyin.
- Kapağını kapatıp yüksek ateşte 4 saat pişirin.
- Hindistan cevizi sütünü ve lahanayı ekleyin ve iyice karıştırın. 10 dakika daha pişirin.
- Servis yapın ve tadını çıkarın.

Kalori 323, Yağ 12,6 gr, Karbonhidrat 47,7 gr, Şeker 4,7 gr, Protein 8 gr, Kolesterol 0 mg

Nohut Karnabahar Ispanaklı Köri

Toplam zaman: 6 saat 15 dakika

Porsiyon: 6

2 su bardağı bebek ıspanak, doğranmış
15 ons nohut olabilir
1/2 yemek kaşığı köri tozu
1 yemek kaşığı garam masala
1 su bardağı sebze suyu
14 oz hindistan cevizi sütü konservesi
1 tatlı patates, soyulmuş ve küp şeklinde kesilmiş
2 su bardağı karnabahar çiçeği
2 bardak konserve domates, doğranmış
1 yemek kaşığı doğranmış zencefil
1 diş sarımsak, kıyılmış
1/2 soğan, doğranmış
1 çay kaşığı bitkisel yağ
1 çay kaşığı tuz

- Yağı tavada orta ateşte ısıtın.
- Tavaya zencefil, sarımsak ve soğanı ekleyip 5 dakika soteleyin.
- Ispanak hariç kalan malzemelerle birlikte yavaş pişiriciye tava karışımını ekleyin.
- Kapağını kapatıp kısık ateşte 6 saat pişirin.
- Ispanakları ekleyip iyice karıştırın.
- Pirinçle servis yapın ve keyfini çıkarın.

Kalori 282, Yağ 16,1 g, Karbonhidrat 30,1 g, Şeker 5,3 g, Protein 8 g, Kolesterol 0 mg

Baharatlı Kış Leblebisi

Toplam zaman: 6 saat 15 dakika

Porsiyon: 4

1 1/2 su bardağı kuru nohut, durulanmış ve süzülmüş
2 yemek kaşığı kıyılmış maydanoz
1 yemek kaşığı limon suyu
1 defne yaprağı
1/2 balkabağı, 1 inç küpler halinde kesilmiş
10 adet çekirdeği çıkarılmış yeşil zeytin
1 çay kaşığı demirhindi ezmesi
2 diş sarımsak, kıyılmış
2 domates, doğranmış
1 büyük soğan, doğranmış
2 yemek kaşığı bitkisel yağ
1/2 çay kaşığı öğütülmüş karabiber
1 çay kaşığı köri tozu
1 çay kaşığı öğütülmüş zencefil
1 çay kaşığı garam masala
1 çay kaşığı füme kırmızı biber
1 çay kaşığı zerdeçal

1/2 çay kaşığı tuz

- Yağı tavada orta ateşte ısıtın.
- Tavaya sarımsak, zencefil ve soğanı ekleyip 5 dakika soteleyin.
- Baharatları ekleyip 1 dakika soteleyin. Karışımı yavaş tencereye aktarın.
- Kalan malzemeleri yavaş pişiriciye ekleyin ve iyice karıştırın.
- Kapağını kapatıp kısık ateşte 6 saat pişirin.
- Servis yapın ve tadını çıkarın.

Kalori 425, Yağ 14,3 gr, Karbonhidrat 60,5 gr, Şeker 12,6 gr, Protein 16,3 gr, Kolesterol 0 mg

Baharatlı Körili Leblebi

Toplam zaman: 6 saat 20 dakika

Porsiyon: 4

1,1 pound nohut, durulanmış ve süzülmüş

1/2 çay kaşığı kurutulmuş otlar

1/2 çay kaşığı hindistan cevizi

1/2 çay kaşığı garam masala

1/2 çay kaşığı kişniş tozu

1 çay kaşığı domates püresi

400 gr domates, doğranmış

2 diş sarımsak, kıyılmış

2 soğan, doğranmış

1 çay kaşığı kimyon tohumu

4 çay kaşığı bitkisel yağ

2 adet defne yaprağı

tuz

- Nohutlar bir gece önceden suda bekletilir.
- Yağı tavada orta ateşte ısıtın.

- Kimyon tohumlarını, sarımsağı ve soğanı tavaya ekleyin ve 5 dakika soteleyin.
- Salçayı, domatesi ve baharatları ekleyip 2 dakika soteleyin. Tava karışımını blendera aktarın ve pürüzsüz hale gelinceye kadar karıştırın.
- Nohutları, defne yapraklarını ve harmanlanmış püreyi yavaş tencereye ekleyin ve iyice karıştırın.
- Kapağını kapatıp kısık ateşte 6 saat pişirin.
- Pirinçle servis yapın ve keyfini çıkarın.

Kalori 540, Yağ 12,6 gr, Karbonhidrat 85,7 gr, Şeker 18,5 gr, Protein 25,8 gr, Kolesterol 0 mg

Baharatlı Bezelye Pilavı

Toplam zaman: 2 saat 20 dakika

Porsiyon: 6

1 bardak bezelye
2 çay kaşığı biber tozu
2 domates, harmanlanmış
1 çay kaşığı zerdeçal tozu
2 yeşil biber, doğranmış
1 çay kaşığı kimyon tohumu
1 yemek kaşığı bitkisel yağ
2 patates, soyulmuş ve doğranmış
1 su bardağı basmati pirinci, durulanmış ve süzülmüş
2 bardak su

- Yavaş tencereye su, pirinç ve patates ekleyin.
- Yağı tavada orta ateşte ısıtın.
- Tavaya kimyon tohumu, zerdeçal, toz biber, domates salçası, yeşil biber ve tuzu ekleyip 2 dakika soteleyin.

- Karışımı yavaş tencereye aktarın ve iyice karıştırın.
- Kapağını kapatıp yüksek ateşte 1 buçuk saat pişirin.
- Bezelyeyi ekleyin ve 30 dakika daha pişirin.
- Servis yapın ve tadını çıkarın.

Kalori 214, Yağ 3 gr, Karbonhidrat 41,8 gr, Şeker 3,4 gr, Protein 5,3 gr, Kolesterol 0 mg

Tereyağlı Bezelye Pilavı

Toplam zaman: 2 saat 15 dakika

Porsiyon: 4

1 su bardağı esmer pirinç, pişmemiş
2 yemek kaşığı yeşil soğan, dilimlenmiş
1 su bardağı dondurulmuş bezelye
1 dolmalık biber, doğranmış
2 yemek kaşığı tereyağı
1 1/4 su bardağı su
Biber
tuz

- Tüm malzemeleri yavaş pişiriciye ekleyin ve iyice karıştırın.
- Kapağını kapatıp yüksek ateşte 2 saat pişirin.
- Servis yapın ve tadını çıkarın.

Kalori 265, Yağ 7,2 gr, Karbonhidrat 44,4 gr, Şeker 3,4 gr, Protein 6 gr, Kolesterol 15 mg

SEBZE TARİFLERİ

Lezzetli baharatlı patates ve karnabahar

Toplam zaman: 4 saat 15 dakika

Porsiyon: 8

1 büyük baş karnabahar, çiçeklere bölünmüş
1 büyük patates, soyulmuş ve küp şeklinde kesilmiş
1 çay kaşığı taze zencefil, rendelenmiş
2 diş sarımsak, kıyılmış
2 jalapeno biber, dilimlenmiş
1 orta boy soğan, soyulmuş ve doğranmış
1 orta boy domates, doğranmış
1 yemek kaşığı kimyon tohumu
1 çay kaşığı zerdeçal
3 yemek kaşığı bitkisel yağ
1 yemek kaşığı doğranmış taze kişniş
1/4 çay kaşığı acı biber
1 yemek kaşığı garam masala
1 yemek kaşığı koşer tuzu

- Kişniş dışındaki tüm malzemeleri yavaş tencereye ekleyin ve iyice karıştırın.

- Kapağını kapatıp kısık ateşte 4 saat pişirin.
- Kişnişle süsleyip servis yapın.

Kalori 123, Yağ 5,6 gr, Karbonhidrat 16,7 gr, Şeker 4 gr, Protein 3,6 gr, Kolesterol 0 mg

Lezzetli Ispanak Paneer

Toplam zaman: 5 saat 15 dakika

Porsiyon: 6

12 ons paneer peyniri

250 gr taze ıspanak, doğranmış

30 ons dondurulmuş ıspanak, çözülmüş

14 oz hindistan cevizi sütü konservesi

1/8 çay kaşığı acı biber

1 yemek kaşığı öğütülmüş kimyon

1 yemek kaşığı öğütülmüş kişniş

1 yemek kaşığı garam masala

1 1/2 su bardağı domates sosu

3 yemek kaşığı taze zencefil, doğranmış

4 diş sarımsak, kıyılmış

1 çay kaşığı tuz

- Taze ıspanak ve paneer dışındaki tüm malzemeleri yavaş tencereye ekleyin.

- Kapağını kapatıp kısık ateşte 3 saat pişirin.
- Taze ıspanakları ekleyip 1 saat pişirin.
- Daldırma blenderini kullanarak karışımı pürüzsüz hale gelinceye kadar karıştırın.
- Paneer peynirini ekleyin ve 1 saat pişirin.
- Servis yapın ve tadını çıkarın.

Kalori 220, Yağ 10 gr, Karbonhidrat 16 gr, Şeker 6 gr, Protein 20 gr, Kolesterol 0 mg

Lezzetli Patates Ispanak

Toplam zaman: 3 saat 15 dakika

Porsiyon: 4

1 1/2 pound patates, soyun ve parçalara ayırın
1/2 pound taze ıspanak, doğranmış
1/2 çay kaşığı biber tozu
1/2 çay kaşığı garam masala
1/2 çay kaşığı öğütülmüş kişniş
1/2 çay kaşığı kimyon
1 yemek kaşığı bitkisel yağ
1/4 su bardağı su
1/2 soğan, dilimlenmiş
Biber
tuz

- Tüm malzemeleri yavaş pişiriciye ekleyin ve iyice karıştırın.

- Kapağını kapatıp kısık ateşte 3 saat pişirin.
- Servis yapın ve tadını çıkarın.

Kalori 168, Yağ 3,9 gr, Karbonhidrat 30,4 gr, Şeker 2,8 gr, Protein 4,7 gr, Kolesterol 0 mg

Baharatlı Patlıcan Patates

Toplam zaman: 2 saat 40 dakika

Porsiyon: 8

2 orta boy patlıcan, 1 inçlik küpler halinde kesilmiş
1 büyük patates, soyulmuş ve 1/2-inç küpler halinde kesilmiş
2 jalapeño biber, çekirdekleri çıkarılmış ve doğranmış
1 yemek kaşığı öğütülmüş kimyon
1 yemek kaşığı toz biber
1 orta boy soğan, doğranmış
1 çay kaşığı zencefil, rendelenmiş
6 diş sarımsak, kıyılmış
1 yemek kaşığı garam masala
1 çay kaşığı zerdeçal
2 yemek kaşığı taze kişniş, doğranmış
1/4 su bardağı bitkisel yağ
1 yemek kaşığı koşer tuzu

- Tüm malzemeleri yavaş pişiriciye ekleyin ve iyice karıştırın.
- Kapağını kapatıp yüksek ateşte 2 saat pişirin.
- Kapağı çıkarın ve 30 dakika daha pişirin.
- Servis yapın ve tadını çıkarın.

Kalori 147, Yağ 7,5 gr, Karbonhidrat 19,4 gr, Şeker 5,2 gr, Protein 2,9 gr, Kolesterol 0 mg

Sağlıklı Sebze Hindistan Cevizi Körisi

Toplam zaman: 4 saat 20 dakika

Porsiyon: 8

1/4 bardak kişniş, doğranmış

1 bardak bezelye

1 1/2 su bardağı havuç, soyulmuş ve şeritler halinde kesilmiş

14 oz hindistan cevizi sütü konservesi

1 ons kuru soğan çorbası

2 biber, şeritler halinde kesilmiş

1/2 çay kaşığı acı biber

1/2 çay kaşığı kırmızı biber gevreği

1 yemek kaşığı toz biber

2 yemek kaşığı un

1/4 bardak köri tozu

5 patates soyulmuş ve küp şeklinde kesilmiş

Gerekirse su

- Tüm malzemeleri yavaş pişiriciye ekleyin ve iyice karıştırın.
- Kapağını kapatıp kısık ateşte 4 saat pişirin.
- İyice karıştırıp servis yapın.

Kalori 370, Yağ 18,3 gr, Karbonhidrat 48,8 gr, Şeker 5,4 gr, Protein 8,2 gr, Kolesterol 0 mg

Kolay Bütün Karnabahar Körisi

Toplam zaman: 4 saat 15 dakika

Porsiyon: 4

1 büyük baş karnabahar, kesilmiş
2 diş sarımsak, dilimlenmiş
1/2 soğan, doğranmış
2 küçük patates, dörde bölünmüş
1 kırmızı biber, dilimlenmiş
Sosu için:
1/2 çay kaşığı acı biber
1 çay kaşığı kimyon
2 yemek kaşığı köri tozu
2 bardak hindistan cevizi sütü olabilir
2 su bardağı sebze suyu

- Yavaş tencereye biber, patates, soğan, sarımsak ve karnabahar ekleyin.

- Bir kapta sos malzemelerinin tamamını karıştırıp karnabaharın üzerine dökün.
- Kapağını kapatıp kısık ateşte 4 saat pişirin.
- Servis yapmadan yaklaşık 15 dakika önce hindistan cevizi sütünü ekleyin ve iyice karıştırın.
- Servis yapın ve tadını çıkarın.

Kalori 383, Yağ 25,8 gr, Karbonhidrat 34,3 gr, Şeker 8,6 gr, Protein 11,4 gr, Kolesterol 0 mg

Sebzeli Körili Pilav

Toplam zaman: 4 saat 10 dakika

Porsiyon: 4

1 1/2 bardak yeşil lahana, doğranmış
2 su bardağı mantar, doğranmış
1 bardak brokoli, doğranmış
1 su bardağı kahverengi pirinç
1 çay kaşığı köri tozu
2 yemek kaşığı elma sirkesi
1/4 çay kaşığı kurutulmuş kekik
1/2 çay kaşığı sarımsak tozu
1/2 çay kaşığı karabiber
4 su bardağı sebze suyu
1 çay kaşığı tuz

- Tüm malzemeleri yavaş pişiriciye ekleyin ve iyice karıştırın.
- Kapağını kapatıp kısık ateşte 4 saat pişirin.
- Çatalı kullanarak pirinci kabartın.
- Servis yapın ve tadını çıkarın.

Kalori 237, Yağ 2,9 g, Karbonhidrat 42,1 g, Şeker 2,7 g, Protein 10,7 g, Kolesterol 0 mg

Patlıcanlı Kabak Köri

Toplam zaman: 4 saat 15 dakika

Porsiyon: 4

4 bardak kabak, doğranmış

4 su bardağı patlıcan, soyulmuş ve doğranmış

1/4 su bardağı sebze suyu

15 ons hindistan cevizi sütü olabilir

6 ons domates salçası olabilir

1/4 çay kaşığı kimyon

1/4 çay kaşığı acı biber

1 yemek kaşığı garam masala

1 yemek kaşığı köri tozu

4 diş sarımsak, kıyılmış

1 soğan, doğranmış

1 çay kaşığı tuz

- Tüm malzemeleri yavaş pişiriciye ekleyin ve iyice karıştırın.
- Kapağını kapatıp kısık ateşte 4 saat pişirin.
- İyice karıştırıp pilavla servis yapın.

Kalori 307, Yağ 23,6 gr, Karbonhidrat 24,3 gr, Şeker 10,9 gr, Protein 7,2 gr, Kolesterol 0 mg

Lezzetli sebze korma

Toplam zaman: 5 saat 15 dakika

Porsiyon: 4

2 yemek kaşığı badem unu

1 yemek kaşığı kırmızı biber gevreği

1 çay kaşığı garam masala

2 yemek kaşığı köri tozu

300 ml hindistan cevizi sütü

2 diş sarımsak, kıyılmış

1/2 büyük soğan, doğranmış

1 su bardağı doğranmış yeşil fasulye

1/2 su bardağı dondurulmuş yeşil bezelye

2 büyük havuç, doğranmış

1 büyük baş karnabahar, çiçeklere bölünmüş

1 çay kaşığı deniz tuzu

- Tüm malzemeleri yavaş pişiriciye ekleyin ve iyice karıştırın.
- Kapağını kapatıp yüksek ateşte 5 saat pişirin.
- Servis yapın ve tadını çıkarın.

Kalori 295, Yağ 19,4 gr, Karbonhidrat 28,7 gr, Şeker 11,8 gr, Protein 9,1 gr, Kolesterol 0 mg

Patates ve bamya köri

Toplam zaman: 3 saat 15 dakika

Porsiyon: 6

1 1/2 pound patates, soyulmuş ve parçalar halinde kesilmiş

1 pound bamya, uçları kesilmiş ve dilimlenmiş

2 su bardağı sebze suyu

300 ml hindistan cevizi sütü

1 1/2 yemek kaşığı köri tozu

3/4 çay kaşığı kırmızı biber gevreği

2 çay kaşığı taze zencefil, rendelenmiş

4 diş sarımsak, kıyılmış

1 büyük soğan, doğranmış

1 1/2 yemek kaşığı bitkisel yağ

1 dolmalık biber, çekirdeği çıkarılmış ve doğranmış

1 1/2 çay kaşığı tuz

- Yavaş tencereye patatesleri, dolmalık biberi ve bamyayı ekleyin.
- Yağı bir tavada orta ateşte ısıtın.
- Tavaya sarımsak, soğan ve zencefili ekleyip 5 dakika soteleyin.
- Tavayı ocaktan alıp baharatları ekleyin.
- Karışımı yavaş tencereye aktarın ve iyice karıştırın.
- Kapağını kapatıp kısık ateşte 3 saat pişirin.
- İyice karıştırıp pilavla servis yapın.

Kalori 290, Yağ 17,8 gr, Karbonhidrat 31,8 gr, Şeker 5,3 gr, Protein 5,5 gr, Kolesterol 0 mg

Lezzetli Navratan Korma

Toplam zaman: 8 saat 15 dakika

Porsiyon: 4

1 su bardağı karnabahar çiçeği

1/2 bardak domates, doğranmış

1/2 bardak bezelye

1 su bardağı havuç, doğranmış

2 yemek kaşığı ekşi krema

1/4 bardak hindistan cevizi sütü

1 yemek kaşığı kuru üzüm

1/4 çay kaşığı biber tozu

1/2 çay kaşığı öğütülmüş kişniş

1/2 çay kaşığı öğütülmüş zerdeçal

1 yemek kaşığı zencefil, rendelenmiş

2 yemek kaşığı doğranmış dolmalık biber

1/4 soğan, doğranmış

1/2 su bardağı su

tuz

- Ekşi krema dışındaki tüm malzemeleri yavaş tencereye ekleyin ve iyice karıştırın.
- Kapağını kapatıp kısık ateşte 8 saat pişirin.
- Ekşi kremayı karıştırın ve pilavla servis yapın.

Kalori 118, Yağ 5,3 gr, Karbonhidrat 16,8 gr, Şeker 8,8 gr, Protein 3,4 gr, Kolesterol 3 mg

Yavaş pişirilmiş sambar

Toplam zaman: 6 saat 10 dakika

Porsiyon: 2

1/4 su bardağı pembe mercimek

1 bardak su

1/2 çay kaşığı demirhindi ezmesi

1 çay kaşığı sambar tozu

4 köri yaprağı

1/4 bardak domates, doğranmış

1/4 bardak patlıcan, parçalar halinde kesilmiş

1/4 bardak kabak, parçalar halinde kesilmiş

1 orta boy soğan, dilimlenmiş

1 but, soyulmuş ve parçalara ayrılmış

tuz

- Tüm malzemeleri yavaş pişiriciye ekleyin ve iyice karıştırın.
- Kapağını kapatıp kısık ateşte 6 saat pişirin.
- İyice karıştırıp pilavla sıcak olarak servis yapın.

Kalori 130, Yağ 0,6 gr, Karbonhidrat 24,7 gr, Şeker 5,3 gr, Protein 7,5 gr, Kolesterol 0 mg

Kremalı kabak ve havuç çorbası

Toplam zaman: 6 saat 15 dakika

Porsiyon: 8

1 pound balkabağı, soyulmuş ve doğranmış

1/2 kiloluk havuç, soyulmuş ve parçalar halinde kesilmiş

400 ml hindistan cevizi sütü

1/4 çay kaşığı öğütülmüş adaçayı

1 çay kaşığı biber

1 defne yaprağı

3 su bardağı sebze suyu

1 elma, soyulmuş ve dilimlenmiş

1 orta boy soğan, doğranmış

1 çay kaşığı tuz

- Yavaş pişiriciye kabak, defne yaprağı, elma, havuç, soğan ve et suyunu ekleyin.
- Kapağını kapatıp kısık ateşte 6 saat pişirin.
- Defne yaprağını atın ve pürüzsüz hale gelinceye kadar daldırma blender karışımını kullanın.
- Hindistan cevizi sütü, adaçayı, karabiber ve tuzu ekleyin. İyice karıştırın.
- Servis yapın ve tadını çıkarın.

Kalori 163, Yağ 11,3 g, Karbonhidratlar 15,8 g, Şekerler 5,1 g, Protein 3,8 g, Kolesterol 0 mg

Nefis yavaş pişirilmiş patates

Toplam zaman: 6 saat 15 dakika
Porsiyon: 4

2,2 pound patates, kabuğu ve zarları
1/2 çay kaşığı biber tozu
1/2 çay kaşığı kimyon
1 1/2 çay kaşığı zerdeçal
1 çay kaşığı garam masala
1 çay kaşığı öğütülmüş zencefil
1 çay kaşığı hardal tohumu
4 domates, doğranmış
1/4 çay kaşığı kırmızı pul biber
1 yemek kaşığı bitkisel yağ
1 çay kaşığı tuz

- Bir kapta pul biberi, kırmızı toz biberi, kimyonu, zerdeçalı, garam masalayı ve zencefili karıştırın.
- Yağı tavada orta ateşte ısıtın.

- Hardal tohumlarını tavaya ekleyin ve dağılmaya başlayıncaya kadar karıştırın, ardından soğanı ekleyin ve hafifçe kızarana kadar soteleyin.
- Karışık baharatları ekleyin ve bir dakika karıştırın.
- Domatesleri ve tuzu ekleyip bir dakika kadar karıştırın.
- Patatesleri yavaş tencereye yerleştirin, ardından tava karışımını patateslerin üzerine dökün.
- Kapağını kapatıp kısık ateşte 6 saat pişirin.
- İyice karıştırıp servis yapın.

Kalori 235, Yağ 4,4 gr, Karbonhidrat 45,8 gr, Şeker 6,2 gr, Protein 5,7 gr, Kolesterol 0 mg

Körili Patates

Toplam zaman: 6 saat 15 dakika

Porsiyon: 6

7 patates, yıkanıp parçalara bölünmüş

2 çay kaşığı şeker

2 çay kaşığı biber tozu

2 çay kaşığı köri tozu

2 çay kaşığı kırmızı biber

400 gr konserve domates, doğranmış

1 yemek kaşığı bitkisel yağ

1/2 çay kaşığı koşer tuzu

- Tüm malzemeleri yavaş pişiriciye ekleyin ve iyice karıştırın.
- Kapağını kapatıp kısık ateşte 6 saat pişirin.
- Servis yapın ve tadını çıkarın.

Kalori 218, Yağ 2,9 g, Karbonhidrat 45,1 g, Şeker 6,7 g, Protein 5,1 g, Kolesterol 0 mg

Mantar Patlıcan Patates Köri

Toplam zaman: 4 saat 15 dakika

Porsiyon: 6

8 mantar, dörde bölünmüş

1 büyük patlıcan, soyulmuş ve 1 inçlik parçalar halinde kesilmiş

3 patates, soyulmuş ve 1/2-inç küpler halinde kesilmiş

1 defne yaprağı

2 çay kaşığı taze zencefil, rendelenmiş

14 ons konserve domates, doğranmış

1/2 bardak kırmızı dolmalık biber, doğranmış

1 çay kaşığı karabiber

1 yemek kaşığı öğütülmüş kimyon

2 diş sarımsak, kıyılmış

1 büyük soğan, doğranmış

2 yemek kaşığı bitkisel yağ

1 çay kaşığı limon suyu

tuz

- Yağı tavada orta ateşte ısıtın.
- Patlıcanları tavaya ekleyip hafif kızarana kadar soteleyin.
- Patlıcanı yavaş tencereye aktarın.
- Aynı tavaya soğanı ekleyip 3 dakika kavurun. Sarımsak, biber ve kimyonu ekleyip bir dakika soteleyin.
- Soğan karışımını kalan tüm malzemelerle birlikte yavaş pişiriciye aktarın ve iyice karıştırın.
- Kapağını kapatıp yüksek ateşte 4 saat pişirin.
- İyice karıştırıp servis yapın.

Kalori 173, Yağ 5,3 gr, Karbonhidrat 29,4 gr, Şeker 6,7 gr, Protein 4,6 gr, Kolesterol 0 mg

Patlıcanlı nohut köri

Toplam zaman: 8 saat 40 dakika

Porsiyon: 6

15 ons konserve nohut, durulanmış ve süzülmüş

1 yemek kaşığı taze zencefil, doğranmış

2 çay kaşığı kimyon

1 yemek kaşığı garam masala

1 yemek kaşığı köri tozu

3 su bardağı sebze suyu

15 ons konserve domates

4 diş sarımsak, kıyılmış

3 pound patlıcan, doğranmış

2 su bardağı soğan, doğranmış

2 çay kaşığı tuz

- Yavaş pişiriciye nohut dışındaki tüm malzemeleri ekleyin.

- Kapağını kapatıp kısık ateşte 8 saat pişirin.
- Nohutları ekleyin ve 30 dakika daha pişirin.
- İyice karıştırıp servis yapın.

Kalori 203, Yağ 2,3 g, Karbonhidrat 39,2 g, Şeker 11,3 g, Protein 9,7 g, Kolesterol 0 mg

Hindistan cevizi patlıcan köri

Toplam zaman: 4 saat 10 dakika

Porsiyon: 6

2 pound patlıcan, 1 inç küpler halinde kesilmiş

4 diş sarımsak, kıyılmış

400 ml hindistan cevizi sütü

150 gr domates salçası

1 yemek kaşığı köri tozu

1 orta boy soğan, doğranmış

1 yeşil biber, çekirdeği çıkarılmış ve doğranmış

2 serrano biberi, çekirdekleri çıkarılmış ve doğranmış

1 yemek kaşığı garam masala

1 çay kaşığı tuz

- Tüm malzemeleri yavaş pişiriciye ekleyin ve iyice karıştırın.

- Kapağını kapatıp kısık ateşte 4 saat pişirin.
- Servis yapın ve tadını çıkarın.

Kalori 216, Yağ 15,2 gr, Karbonhidrat 20,7 gr, Şeker 9,8 gr, Protein 4,8 gr, Kolesterol 0 mg

Kremalı karnabahar çorbası

Toplam zaman: 4 saat 20 dakika

Porsiyon: 6

1 baş karnabahar
2 su bardağı sebze suyu
3 diş sarımsak
1/4 su bardağı kurutulmuş kızılcık
1/4 su bardağı çam fıstığı
400 ml hindistan cevizi sütü
150 gr sade yoğurt
1 yemek kaşığı köri tozu
1 yemek kaşığı su
3/4 çay kaşığı garam masala
1/2 su bardağı şeker
1/2 çay kaşığı tuz

- Yavaş tencereye karnabaharı, et suyunu ve sarımsağı ekleyin. Kapağını kapatıp kısık ateşte 4 saat pişirin.

- Karnabahar karışımını yoğurt ve hindistan cevizi sütüyle birlikte karıştırıcıya ekleyin ve pürüzsüz hale gelinceye kadar karıştırın.
- Altı adet servis kasesine paylaştırın.
- Bir tavada çam fıstıklarını su, garam masala ve şekerle orta ateşte pişirin. Şeker kristalleşene kadar pişirin.
- Tava karışımını çorbanın üzerine serpin.
- Servis yapın ve tadını çıkarın.

Kalori 276, Yağ 18,5 gr, Karbonhidrat 25,1 gr, Şeker 20,1 gr, Protein 6,2 gr, Kolesterol 2 mg

Lezzetli Tatlı Patates Körisi

Toplam zaman: 6 saat 15 dakika

Porsiyon: 6

1 tatlı patates, doğranmış
1 kabak küp şeklinde doğranmış
1/4 bardak kaju fıstığı
14 ons konserve domates, doğranmış
1 çay kaşığı köri tozu
1/2 çay kaşığı biber tozu
1/2 çay kaşığı karabiber
2 yemek kaşığı domates püresi
4 yemek kaşığı un
14 oz hindistan cevizi sütü konservesi
1 çay kaşığı sarımsak, kıyılmış
2 soğan, doğranmış
4 domates, doğranmış
1 çay kaşığı zencefil, doğranmış
2 çay kaşığı garam masala
1 yemek kaşığı bitkisel yağ

- Yağı tavada orta ateşte ısıtın.
- Tavaya zencefil, soğan ve sarımsağı ekleyip 5 dakika soteleyin.
- Salçayı, unu ve baharatları ekleyip bir dakika kadar pişirin.
- Hindistan cevizi sütünü ekleyip iyice karıştırın ve koyulaşana kadar pişirin.
- Tava karışımını diğer malzemelerle birlikte yavaş pişiriciye aktarın ve iyice karıştırın.
- Kapağını kapatıp kısık ateşte 6 saat pişirin.
- Servis yapın ve tadını çıkarın.

Kalori 275, Yağ 19,5 gr, Karbonhidrat 24 gr, Şeker 8,3 gr, Protein 5,5 gr, Kolesterol 0 mg

Lezzetli sebze köri

Toplam zaman: 7 saat 15 dakika

Porsiyon: 4

15 ons konserve nohut, durulanmış ve süzülmüş

8 ons taze yeşil fasulye, 1 inçlik parçalar halinde kesilmiş

4 orta boy havuç, dilimlenmiş

2 orta boy patates, 1/2-inç küpler halinde kesilmiş

1 su bardağı soğan, doğranmış

14 ons sebze suyu konservesi

400 gr konserve domates, doğranmış

2 yemek kaşığı tapyoka

2 çay kaşığı köri tozu

1 çay kaşığı öğütülmüş kişniş

3 diş sarımsak, kıyılmış

1/8 çay kaşığı öğütülmüş tarçın

1/4 çay kaşığı kırmızı dolmalık biber, ezilmiş

1/4 çay kaşığı tuz

- Tüm malzemeleri yavaş pişiriciye ekleyin ve iyice karıştırın.
- Kapağını kapatıp kısık ateşte 7 saat pişirin.
- İyice karıştırıp pilavla servis yapın.

Kalori 367, Yağ 3,1 gr, Karbonhidrat 75,3 gr Şeker 11,8 gr, Protein 12,6 gr, Kolesterol 1 mg

Lezzetli tofu hindistan cevizi köri

Toplam zaman: 4 saat 15 dakika

Porsiyon: 4

1 bardak sert tofu, doğranmış
2 çay kaşığı sarımsak karanfil, kıyılmış
1 su bardağı soğan, doğranmış
8 ons domates salçası
2 bardak dolmalık biber, doğranmış
1 yemek kaşığı garam masala
2 yemek kaşığı tereyağı
1 yemek kaşığı köri tozu
10 ons hindistan cevizi sütü olabilir
1 1/2 çay kaşığı deniz tuzu

- Tüm malzemeleri yavaş pişiriciye ekleyin ve iyice karıştırın.
- Kapağını kapatıp kısık ateşte 4 saat pişirin.
- İyice karıştırıp pilavla servis yapın.

Kalori 179, Yağ 9,1 gr, Karbonhidrat 20,4 gr, Şeker 11,6 gr, Protein 8,9 gr, Kolesterol 15 mg

Kremalı hindistan cevizi ve kabak köri

Toplam zaman: 6 saat 15 dakika

Porsiyon: 6

15 ons hindistan cevizi sütü, şekersiz
2 su bardağı kabak püresi
1 su bardağı sebze suyu
3 havuç, 1 inçlik parçalar halinde kesilmiş
3 bardak tatlı patates, 1 inç küpler halinde kesilmiş
1/2 yemek kaşığı köri tozu
1/4 çay kaşığı zerdeçal tozu
1/4 çay kaşığı öğütülmüş karabiber
1/2 büyük soğan, doğranmış
1 diş sarımsak, kıyılmış
2 tavuk göğsü, 1 inçlik küpler halinde kesilmiş
1 limon suyu
2 çay kaşığı garam masala
1/2 çay kaşığı koşer tuzu

- Tüm malzemeleri yavaş pişiriciye ekleyin ve iyice karıştırın.
- Kapağını kapatıp kısık ateşte 6 saat pişirin.
- Pirinçle servis yapın ve keyfini çıkarın.

Kalori 357, Yağ 17,7 gr, Karbonhidrat 35 gr, Şeker 7,4 gr, Protein 17,6 gr, Kolesterol 43 mg

Zengin Patates Körisi

Toplam zaman: 8 saat 10 dakika

Porsiyon: 4

1 pound patates, 1 inç küpler halinde kesilmiş
1/2 çay kaşığı kimyon
1/2 çay kaşığı kişniş
1/2 çay kaşığı karabiber
1 tarçın çubuğu
1 su bardağı sebze suyu
1 çay kaşığı demirhindi ezmesi
1 defne yaprağı
1/4 çay kaşığı kırmızı dolmalık biber, ezilmiş
1/2 çay kaşığı garam masala
4 diş sarımsak, kıyılmış
2 çay kaşığı kıyılmış zencefil
1 soğan, doğranmış
2 yemek kaşığı bitkisel yağ
1 1/2 çay kaşığı kırmızı biber
1 1/2 çay kaşığı zerdeçal
1/2 su bardağı dondurulmuş bezelye

2 bardak hindistan cevizi sütü

2 yemek kaşığı çok amaçlı un

Biber

tuz

- 1 yemek kaşığı yağı tavada orta ateşte ısıtın.
- Soğanı ekleyin ve altın rengi kahverengi olana kadar yaklaşık 3 dakika pişirin.
- Baharat tozunu ekleyin ve 1 dakika karıştırın.
- Soğan karışımını demirhindi, zencefil, sarımsak ve hindistancevizi sütüyle birlikte karıştırıcıya aktarın ve pürüzsüz hale gelinceye kadar karıştırın.
- Harmanlanmış karışımı, bezelye ve un dışında kalan malzemelerle birlikte yavaş pişiriciye dökün.
- Kapağını kapatıp kısık ateşte 8 saat pişirin.
- Bezelyeleri ekleyin ve iyice karıştırın. Unu biraz suyla çırpın ve yavaş tencereye dökün.
- İyice karıştırıp servis yapın.

Kalori 476, Yağ 36,5 gr, Karbonhidrat 37,2 gr, Şeker 8,8 gr, Protein 7 gr, Kolesterol 0 mg

Karışık sebzeli köri

Toplam zaman: 6 saat 10 dakika

Porsiyon: 4

3 1/2 bardak brokoli çiçeği
250 gr yeşil fasulye
2 orta boy havuç, soyulmuş ve dilimlenmiş
2 büyük tatlı patates, küp şeklinde kesilmiş
3 yemek kaşığı domates püresi
14 oz hindistan cevizi sütü konservesi
1 kırmızı biber, çekirdeği çıkarılmış ve doğranmış
1 çay kaşığı garam masala
1 çay kaşığı öğütülmüş zerdeçal
2 çay kaşığı öğütülmüş kişniş
2 çay kaşığı öğütülmüş kimyon
1 çay kaşığı biber tozu
1 çay kaşığı zencefil, rendelenmiş
1 çay kaşığı sarımsak, rendelenmiş
1 soğan, doğranmış

- Yeşil fasulye dışındaki tüm malzemeleri yavaş tencereye ekleyin ve iyice karıştırın.
- Kapağını kapatıp kısık ateşte 5 saat pişirin.
- Yeşil fasulyeleri ekleyip iyice karıştırın ve 1 saat daha pişirin.
- Pirinçle servis yapın.

Kalori 313, Yağ 22 gr, Karbonhidrat 28,3 gr, Şeker 5,1 gr, Protein 6,3 gr, Kolesterol 0 mg

ET TARİFLERİ

Lezzetli Tavuk Tikka Masala

Toplam zaman: 6 saat 25 dakika

Porsiyon: 6

2 pound tavuk budu, derisiz ve kemiksiz, 2 inçlik parçalar halinde kesilmiş

300g dondurulmuş bezelye, çözülmüş

1 1/2 bardak ağır krema

1 yemek kaşığı mısır nişastası

1 yemek kaşığı şeker

28 ons kutu domates

1 çay kaşığı zencefil, rendelenmiş

3 yemek kaşığı garam masala

1/2 çay kaşığı kırmızı biber gevreği

6 diş sarımsak, kıyılmış

1 büyük soğan, doğranmış

2 yemek kaşığı bitkisel yağ

1 su bardağı sade yoğurt

1 yemek kaşığı öğütülmüş kimyon

1 yemek kaşığı öğütülmüş kişniş

1 çay kaşığı koşer tuzu

- Büyük bir kapta tavuk, yoğurt, kimyon, öğütülmüş kişniş ve tuzu birleştirin. 10 dakika marine edin.
- 1 yemek kaşığı yağı tavada orta-yüksek ateşte ısıtın.
- Marine edilmiş tavukları tavaya koyun ve her iki tarafı da hafifçe kızarana kadar pişirin.
- Tavuğu yavaş tencereye aktarın.
- Aynı tavada kalan yağı ısıtın. Soğanı, pul biberi ve sarımsağı ekleyip 5 dakika soteleyin.
- Zencefil, garam masala ve tuzu ekleyip 1 dakika pişirin.
- Şekeri ve domatesleri ekleyin, ateşi yükseltin ve kaynatın. Yavaş tencereye aktarın.
- Kapağını kapatıp kısık ateşte 6 saat pişirin.
- 1/4 bardak krema ve mısır nişastasını birlikte çırpın ve kalan bezelye ve kremayla birlikte yavaş tencereye ekleyin.
- Birleştirmek için karıştırın ve örtün ve 10 dakika daha pişirin.
- Servis yapın ve tadını çıkarın.

Kalori 557, Yağ 27,8 gr, Karbonhidrat 24,5 gr, Şeker 12,7 gr, Protein 51,1 gr, Kolesterol 178 mg

Lezzetli tandır tavuğu

Toplam zaman: 8 saat 20 dakika

Porsiyon: 4

400 ml hindistan cevizi sütü
4 tavuk budu
1 çay kaşığı taze zencefil, rendelenmiş
1 çay kaşığı kırmızı biber
1 çay kaşığı acı biber
2 çay kaşığı domates salçası
2 çay kaşığı garam masala
1 çay kaşığı öğütülmüş kişniş
1 çay kaşığı öğütülmüş kimyon

- Tüm malzemeleri yavaş pişiriciye ekleyin ve iyice karıştırın.
- Kapağını kapatıp kısık ateşte 8 saat pişirin.
- Servis yapın ve tadını çıkarın.

Kalori 514, Yağ 34,8 gr, Karbonhidrat 7,1 gr, Şeker 3,8 gr, Protein 44,9 gr, Kolesterol 130 mg

Fıstık Ezmeli Tavuk

Toplam zaman: 4 saat 30 dakika

Porsiyon: 6

3 tavuk göğsü, derisiz ve kemiksiz
1 yemek kaşığı limon suyu
2 yemek kaşığı mısır nişastası
3 diş sarımsak, kıyılmış
1 yemek kaşığı doğranmış zencefil
1 yemek kaşığı pirinç şarabı sirkesi
2 yemek kaşığı bal
2 yemek kaşığı soya sosu
1/3 bardak kremalı fıstık ezmesi
1 bardak hindistan cevizi sütü

- Limon suyu ve mısır nişastası dışındaki tüm malzemeleri yavaş tencereye ekleyin ve iyice karıştırın.

- Kapağını kapatıp kısık ateşte 4 saat pişirin.
- Mısır nişastasını ve 2 yemek kaşığı suyu birlikte çırpın ve yavaş tencereye ekleyin.
- İyice karıştırın ve sos koyulaşana kadar 20 dakika daha pişirin.
- Servis yapın ve tadını çıkarın.

Kalori 356, Yağ 22,2 gr, Karbonhidrat 15,4 gr, Şeker 8,7 gr, Protein 26,2 gr, Kolesterol 65 mg

Baharatlı Körili Tavuk

Toplam zaman: 6 saat 20 dakika

Porsiyon: 4

4 tavuk budu, kemikleri alınmış ve parçalar halinde kesilmiş
3 yemek kaşığı un
2 çay kaşığı öğütülmüş kişniş
2 çay kaşığı garam masala
2 çay kaşığı zerdeçal
2 çay kaşığı öğütülmüş kimyon
1 çay kaşığı zencefil, rendelenmiş
1/2 limon suyu
4 diş sarımsak, ezilmiş
2 soğan, doğranmış
2 yeşil biber, doğranmış
14 ons konserve domates, doğranmış
1 yemek kaşığı bitkisel yağ

- Zencefil, kırmızı biber, sarımsak ve soğanı karıştırıcıya ekleyin ve pürüzsüz hale gelinceye kadar karıştırın.

- Yağı tavada orta ateşte ısıtın.
- Karışımlı püreyi tavaya ekleyin ve 3 dakika soteleyin.
- Baharatları ekleyip 2-3 dakika soteleyin.
- Tavaya un ve domatesi ekleyip iyice karıştırın.
- Domates kutusunu yarısına kadar suyla doldurup tencereye ekleyin. İyice karıştırın.
- Tavuğu yavaş tencereye ekleyin ve biber ve tuzla tatlandırın.
- Tava karışımını limon suyuyla birlikte tavuğun üzerine dökün.
- Kapağını kapatıp kısık ateşte 6 saat pişirin.
- Servis yapın ve tadını çıkarın.

Kalori 387, Yağ 14,8 gr, Karbonhidrat 17,3 gr, Şeker 6 gr, Protein 44,9 gr, Kolesterol 130 mg

Sulu ve yumuşak keçi körisi

Toplam zaman: 5 saat 15 dakika
Porsiyon: 6

2 kilo keçi eti
2 serrano biberi, doğranmış
1 çay kaşığı kırmızı biber
1 çay kaşığı biber tozu
1 çay kaşığı zerdeçal tozu
1 çay kaşığı kimyon tozu
1 yemek kaşığı kişniş tozu
2 adet kakule kabuğu
2 diş sarımsak, kıyılmış
1 yemek kaşığı sade tereyağı
1 defne yaprağı
3 bütün karanfil
1 çay kaşığı taze zencefil, doğranmış
1 büyük soğan, doğranmış
1 bardak su

1 çay kaşığı garam masala

28 ons konserve domates, doğranmış

2 çay kaşığı tuz

- Öğütücüye kakule ve karanfil ekleyin ve iyice öğütün.
- Su, garam masala ve domates dışındaki tüm malzemeleri yavaş tencereye ekleyin.
- Kapağını kapatıp yüksek ateşte 4 saat pişirin.
- Suyu, garam masalayı ve domatesleri ekleyin ve iyice karıştırın.
- Etler yumuşayana kadar 1 saat daha pişirin.
- Servis yapın ve tadını çıkarın.

Kalori 230, Yağ 5,9 gr, Karbonhidrat 10,6 gr, Şeker 5,8 gr, Protein 33,6 gr, Kolesterol 92 mg

Lezzetli Yavaş Pişmiş Sığır Eti

Toplam zaman: 6 saat 15 dakika

Porsiyon: 4

2 pound sığır filetosu biftek, küp şeklinde

1/2 bardak kişniş, doğranmış

2 adet kakule kabuğu

1 tarçın çubuğu

400 gr konserve domates, doğranmış

1/4 bardak köri ezmesi

1 kırmızı biber, doğranmış

1 çay kaşığı zencefil, rendelenmiş

2 diş sarımsak, ezilmiş

1 büyük soğan, dilimlenmiş

2 yemek kaşığı bitkisel yağ

1/4 bardak çok amaçlı un

- Kilitli torbaya eti ve unu ekleyin ve iyice çalkalayın.

- Tencerdeki yağı orta ateşte ısıtın.
- Eti tencereye ekleyin ve 3-4 dakika veya hafifçe kızarana kadar pişirin. Eti yavaş tencereye aktarın.
- Aynı tavaya soğanı, zencefili ve sarımsağı ekleyip 4 dakika soteleyin.
- Köri ezmesini ve kırmızı biberi ekleyip 1 dakika karıştırın.
- 3/4 su bardağı su, domates, kakule ve tarçını ekleyip iyice karıştırın. Karışımı yavaş tencereye aktarın.
- Kapağını kapatıp kısık ateşte 5 1/2 saat veya et yumuşayana kadar pişirin.
- Kişniş ekleyin ve iyice karıştırın.
- Servis yapın ve tadını çıkarın.

Kalori 651, Yağ 29,9 g, Karbonhidrat 19,7 g, Şeker 5 g, Protein 71,8 g, Kolesterol 203 mg

Basit sığır köri

Toplam zaman: 8 saat 40 dakika

Porsiyon: 4

12 ons sığır filetosu biftek, 1 inçlik parçalar halinde kesilmiş
2 soğan, doğranmış
14 ons konserve domates, doğranmış
2 çay kaşığı garam masala
4 diş sarımsak, kıyılmış
4 çay kaşığı öğütülmüş kimyon
4 çay kaşığı öğütülmüş kişniş
2 çay kaşığı öğütülmüş zerdeçal
2 biber, doğranmış
1 çay kaşığı zencefil, rendelenmiş
200 gr yoğurt
4 yemek kaşığı bitkisel yağ

- Yağı tavada orta ateşte ısıtın.

- Eti tavaya ekleyin ve 4-5 dakika veya hafifçe kızarana kadar pişirin. Eti yavaş tencereye aktarın.
- Aynı tavada soğanı, zencefili, kırmızı biberi ve sarımsağı 2 dakika soteleyin.
- Baharatları ekleyip 1 dakika karıştırarak kavurun. Karışımı yavaş tencereye aktarın.
- Yoğurt hariç kalan malzemeleri yavaş tencereye ekleyin ve iyice karıştırın.
- Kapağını kapatıp kısık ateşte 8 saat pişirin.
- Yoğurdu ekleyip iyice karıştırın ve 30 dakika daha pişirin.
- Servis yapın ve tadını çıkarın.

Kalori 375, Yağ 20,2 gr, Karbonhidrat 16,7 gr, Şeker 9,3 gr, Protein 30,8 gr, Kolesterol 79 mg

Kolay tavuk köri

Toplam zaman: 4 saat 15 dakika

Porsiyon: 4

2 yemek kaşığı domates salçası

14 oz hindistan cevizi sütü konservesi

3 diş sarımsak, kıyılmış

2 yemek kaşığı taze zencefil, doğranmış

1 çay kaşığı kimyon

1 çay kaşığı zerdeçal

1 çay kaşığı garam masala

1 tarçın çubuğu

2 adet defne yaprağı

1 1/2 pound tavuk uyluk

1 orta boy soğan, doğranmış

1/4 bardak taze kişniş, doğranmış

1 1/2 çay kaşığı tuz

- Tüm malzemeleri yavaş pişiriciye ekleyin ve iyice karıştırın.
- Kapağını kapatıp kısık ateşte 4 saat pişirin.
- Eti bir çatal kullanarak parçalayın ve sosun içine iyice karıştırın.
- Servis yapın ve tadını çıkarın.

Kalori 553, Yağ 34,2 gr, Karbonhidrat 10,2 gr, Şeker 2,3 gr, Protein 52,4 gr, Kolesterol 151 mg

Tavuklu sebzeli köri

Toplam zaman: 3 saat 25 dakika

Porsiyon: 4

2 bardak mantar, dilimlenmiş

1 bardak bezelye

3 tavuk göğsü, derisiz, kemiksiz ve parçalara ayrılmış

2 çay kaşığı öğütülmüş acı biber

1/2 çay kaşığı karabiber

3 yemek kaşığı köri tozu

1 poşet kuru soğan çorbası

14 oz hindistan cevizi sütü konservesi

10,75 oz. tavuk çorbası konservesi

300 gr mantar çorbası

1 soğan, doğranmış

1 yemek kaşığı tereyağı

- Tereyağını orta ateşte bir tavada eritin.
- Soğanı ekleyip 5 dakika pişirin. Yavaş tencereye aktarın.

- Diğer malzemeleri ekleyip iyice karıştırın.
- Kapağı kapatın ve yüksek ateşte 1 1/2 saat pişirin, ardından ısıyı düşürün ve 1 1/2 saat daha pişirin.
- Servis yapın ve tadını çıkarın.

Kalori 635, Yağ 37,9 gr, Karbonhidrat 32 gr, Şeker 2,3 gr, Protein 45,2 gr, Kolesterol 111 mg

Baharatlı Karnabaharlı Tavuk

Toplam zaman: 6 saat 15 dakika

Porsiyon: 4

1 1/2 pound tavuk budu, derisiz, kemikli ve ikiye bölünmüş
1 küçük baş karnabahar, çiçeklere bölünmüş
1/4 su bardağı kuru üzüm
1 soğan, doğranmış
1 yemek kaşığı köri tozu
2 yemek kaşığı rendelenmiş zencefil
2 yemek kaşığı domates salçası
28 ons konserve domates, doğranmış
1/2 çay kaşığı koşer tuzu

- Tüm malzemeleri yavaş pişiriciye ekleyin ve iyice karıştırın.

- Kapağını kapatıp kısık ateşte 6 saat pişirin.
- Servis yapın ve tadını çıkarın.

Kalori 391, Yağ 17,3 g, Karbonhidrat 26,7 g, Şeker 6,7 g, Protein 31,1 g, Kolesterol 96 mg

Nefis tereyağlı tavuk

Toplam zaman: 4 saat 30 dakika

Porsiyon: 6

4 büyük tavuk budu, derisiz, kemiksiz ve parçalara ayrılmış
14 oz hindistan cevizi sütü konservesi
1 su bardağı sade yoğurt
15 adet yeşil kakule kabuğu
6 ons domates salçası olabilir
1 çay kaşığı garam masala
2 çay kaşığı tandır masala
1 çay kaşığı köri ezmesi
2 çay kaşığı köri tozu
3 diş sarımsak, kıyılmış
1 soğan, doğranmış
3 yemek kaşığı bitkisel yağ
2 yemek kaşığı tereyağı
tuz

- Tereyağı ve yağı bir tavada orta ateşte ısıtın.

- Tavuğu, sarımsağı ve soğanı tavaya ekleyin ve soğan yumuşayana kadar pişirin.
- Domates salçası, garam masala, tandır masala, köri ezmesi ve köri tozunu karıştırın.
- Tavuk karışımını yavaş tencereye aktarın.
- Yoğurt, hindistan cevizi sütü ve kakule kabuklarını karıştırın.
- Tuzlu sezon.
- Kapağını kapatıp yüksek ateşte 4 saat pişirin.
- Servis yapın ve tadını çıkarın.

Kalori 480, Yağ 33,3 gr, Karbonhidrat 17,2 gr, Şeker 7,1 gr, Protein 30,6 gr, Kolesterol 103 mg

Kuzu köri

Toplam zaman: 8 saat 15 dakika

Porsiyon: 6

2 pound kuzu, 1 1/2 "küpler halinde kesilmiş
1/4 bardak kişniş, doğranmış
20 badem
1/4 çay kaşığı safran iplikleri
1 su bardağı sade yoğurt
1/2 çay kaşığı zerdeçal
2 büyük soğan, dilimlenmiş
6 yemek kaşığı bitkisel yağ
3 domates, doğranmış
1/4 su bardağı kurutulmuş hindistan cevizi, şekersiz
5 diş sarımsak, ezilmiş
1 çay kaşığı taze zencefil, rendelenmiş
1 çay kaşığı garam masala
1 çay kaşığı kimyon tohumu
3 yeşil şili biber
4 adet kurutulmuş kırmızı şili biber
tuz

- Domatesleri, rendelenmiş hindistan cevizini, sarımsağı, zencefili, garam masalayı, kimyon tohumlarını, yeşil biberleri ve kırmızı biberleri karıştırıcıya ekleyin ve pürüzsüz hale gelinceye kadar karıştırın.
- Yağı bir tavada orta ateşte ısıtın.
- Soğanı tavaya ekleyin ve 5 dakika veya yumuşayana kadar soteleyin.
- Baharat ezmesini tavaya ekleyin ve 3 dakika pişirin.
- Eti ve tuzu karıştırın. Orta ateşte 8 dakika pişirin.
- Badem, safran ve yoğurdu pürüzsüz hale gelinceye kadar karıştırın.
- Karışımı yavaş tencereye aktarın ve iyice karıştırın.
- Kapağını kapatıp kısık ateşte 8 saat pişirin.
- Servis yapın ve tadını çıkarın.

Kalori 489, Yağ 35,4 gr, Karbonhidrat 16,1 gr, Şeker 7,1 gr, Protein 28,1 gr, Kolesterol 88 mg

Tavuklu Kinoalı Köri

Toplam zaman: 4 saat 45 dakika

Porsiyon: 6

1 1/2 pound tavuk göğsü, doğranmış
1/3 bardak kinoa
1/4 çay kaşığı kırmızı biber
1 yemek kaşığı köri tozu
1/4 bardak hindistan cevizi sütü
1 su bardağı tavuk suyu
1 3/4 bardak elma, doğranmış
1 1/4 su bardağı kereviz, doğranmış
3/4 bardak soğan, doğranmış

- Kinoa dışındaki tüm malzemeleri yavaş tencereye ekleyin ve iyice karıştırın.

- Kapağını kapatıp kısık ateşte 4 saat pişirin.
- Kinoayı ekleyin ve iyice karıştırın. 35 dakika daha pişirin.
- İyice karıştırıp servis yapın.

Kalori 185, Yağ 3,1 gr, Karbonhidrat 14,4 gr, Şeker 8,2 gr, Protein 24,4 gr, Kolesterol 59 mg

Lezzetli Tavuk Yahnisi

Toplam zaman: 4 saat 15 dakika

Porsiyon: 8

2 pound tavuk budu, derisiz, kemikli ve parçalara ayrılmış

1 orta boy soğan, doğranmış

3 diş sarımsak, kıyılmış

1/4 çay kaşığı öğütülmüş karabiber

15 ons konserve nohut, durulanmış ve süzülmüş

400 gr konserve domates, doğranmış

1 su bardağı tavuk suyu

5 çay kaşığı köri tozu

2 çay kaşığı öğütülmüş zencefil

1 defne yaprağı

1 yemek kaşığı bitkisel yağ

2 yemek kaşığı limon suyu

1/2 çay kaşığı tuz

- Tüm malzemeleri yavaş pişiriciye ekleyin ve iyice karıştırın.
- Kapağını kapatıp yüksek ateşte 4 saat pişirin.
- Servis yapın ve tadını çıkarın.

Kalori 322, Yağ 11,1 gr, Karbonhidrat 17,4 gr, Şeker 2,4 gr, Protein 36,9 gr, Kolesterol 101 mg

Kremalı hindistan cevizli tavuk köri

Toplam zaman: 4 saat 15 dakika

Porsiyon: 4

---

1 kiloluk tavuk göğsü, derisiz ve kemiksiz

2 yemek kaşığı limon suyu

1 bardak bezelye

1/2 çay kaşığı acı biber

2 yemek kaşığı köri tozu

15 ons domates sosu olabilir

1/2 su bardağı tavuk suyu

1/2 bardak hindistan cevizi sütü

2 orta boy tatlı patates, küp şeklinde kesilmiş

15 ons konserve nohut, süzülmüş ve durulanmış

1 orta boy soğan, dilimlenmiş

1 çay kaşığı tuz

- Yavaş pişiriciye bezelye dışındaki tüm malzemeleri ekleyin ve iyice karıştırın.
- Kapağını kapatıp yüksek ateşte 4 saat pişirin.
- Bezelyeleri ekleyin ve iyice karıştırın.
- Servis yapın ve tadını çıkarın.

Kalori 579, Yağ 17,9 gr, Karbonhidrat 62,4 gr, Şeker 9,5 gr, Protein 44,2 gr, Kolesterol 101 mg

Lezzetli Tavuk Kheema

Toplam zaman: 4 saat 20 dakika

Porsiyon: 4

1 kiloluk öğütülmüş tavuk

3/4 bardak dondurulmuş bezelye

1 defne yaprağı

3/4 çay kaşığı öğütülmüş tarçın

3/4 çay kaşığı garam masala

3/4 çay kaşığı öğütülmüş zerdeçal

3/4 çay kaşığı biber tozu

3/4 çay kaşığı öğütülmüş kimyon

3/4 çay kaşığı öğütülmüş kişniş

1 jalapeno, çekirdekleri çıkarılmış ve doğranmış

4 yemek kaşığı kıyılmış kişniş

3/4 su bardağı domates sosu

1 çay kaşığı zencefil, rendelenmiş

3 diş sarımsak, kıyılmış

1 orta boy soğan, doğranmış

2 çay kaşığı tereyağı

1 çay kaşığı koşer tuzu

- Tereyağını bir tavada orta ateşte ısıtın.
- Soğanı tavaya ekleyin ve 5 dakika soteleyin.
- Zencefil ve sarımsağı ekleyip 2 dakika soteleyin.
- Öğütülmüş tavuğu ve tuzu ekleyip 5 dakika pişirin.
- Tavuk karışımını diğer malzemelerle birlikte yavaş tencereye aktarın ve iyice karıştırın.
- Kapağını kapatıp yüksek ateşte 4 saat pişirin.
- Servis yapın ve tadını çıkarın.

Kalori 291, Yağ 10,8 gr, Karbonhidrat 11,8 gr, Şeker 4,7 gr, Protein 35,8 gr, Kolesterol 106 mg

Lezzetli tavuk çorbası

Toplam zaman: 12 saat 15 dakika

Porsiyon: 6

3 havuç, soyulmuş ve dilimlenmiş

1 çay kaşığı zencefil, ezilmiş

1/2 çay kaşığı sarımsak, ezilmiş

1/4 çay kaşığı zerdeçal

1/2 soğan, doğranmış

12 su bardağı) su

5 karanfil

2 tarçın çubuğu

1/4 çay kaşığı karabiber

2 tavuk göğsü

1 kiloluk tavuk

1 yemek kaşığı deniz tuzu

- Tüm malzemeleri yavaş pişiriciye ekleyin.
- Kapağını kapatıp kısık ateşte 12 saat pişirin.

- Yavaş pişiriciden tavuğu çıkarın ve tavukları çatalla parçalayın.
- Kıyılmış tavuğu yavaş tencereye geri koyun ve iyice karıştırın.
- Biber ve tuzla tatlandırın.
- Servis yapın ve tadını çıkarın.

Kalori 225, Yağ 5,9 gr, Karbonhidrat 4,3 gr, Şeker 1,9 gr, Protein 36,4 gr, Kolesterol 102 mg

www.ingramcontent.com/pod-product-compliance
Lightning Source LLC
Chambersburg PA
CBHW071910110526
44591CB00011B/1626